미학 편지

Briefe über die ästhetische Erziehung des Menschen

미학 편지

인간의 미적 교육에 관한 실러의 미학 이론

프리드리히 실러 지음 · 안인희 옮김

Humanist

| 옮긴이의 말 |

1.

프리드리히 실러Johann Christoph Friedrich von Schiller, 1759~1805가 쓴 이 책 《미학 편지》의 원래 제목은 '인간의 미적 교육에 관한 편지Briefe über die ästhetische Erziehung des Menschen'이다(이하 《미학 편지》로 칭함). 《미학 편지》는 1795년 발표 당시 이미 많은 사람들의 경탄을 자아냈고, 그 이후 오늘날까지 중요한 사상가와 예술가 들이 거듭 인용, 해석하고 새로운 맥락에서 수용해온 명저이다.

이 작은 책이 인류의 역사를 전체적으로 바라보아야만 비로소 나타나는 유토피아의 전망을 품고 있기 때문이다. 아름다움과 예술을 통한 이상사회 건설의 이념이기에 실현 가능성이 희박해 보이지만, 우리 인간은 끊임없이 그 같은 꿈을 꾸고 있는 것이 분명하다. 그것이 아니라면 이 책은 벌써 우리의 기억에서 사라졌을 것이다. 아름다움이나 교육에 관심을 가진 사람들이 반드시 읽어야 할 인간 개혁과 사회 개혁의 전망이 여기 들어 있다.

여기서 짚고 넘어가야 할 민감한 단어가 하나 있다. 그것은 바로 '교육Erziehung'이라는 단어이다. 오늘날 우리 사회에서 교육이란 부모가 돈을 들여 자식을 학교에 보내거나 과외를 시킨다는 맥락으로 널리 쓰이고 있다. 그래서 "아이를 교육시킨다"는 말을 흔히 듣는다. 그런 만큼 '미적 교육'이라는 말을 들으면 돈을 들여서라도 자녀를 미적으로 교육시켜야 한다는 맥락으로 받아들여질 가능성이 높다.

하지만 여기서 말하는 '교육'에는 그런 뜻이 매우 적게 담겨 있다. 여기서 중요한 것은 자녀뿐만 아니라 나 자신도 바로 교육의 대상이라는 점이다. 다시 말해서 이것은 자녀 교육을 다룬 책이 아니라 자신을 포함한 인간의 미적 형성을 다룬 책이다.

2.

프리드리히 실러는 《미학 편지》에서 당대의 위대한 철학자 임마누엘 칸트Immanuel Kant, 1724~1804의 철학 체계를 토대 삼아 자신의 미학 이론을 전개하고 있다. 덕분에 유감스럽게도 칸트 철학의 체계를 어느 정도 이해하지 않고서는 실러의 미학 이론을 따라가기가 거의 불가능하다. 이것이 바로 실러 미학의 최대 난제이다.

다행스러운 것은 칸트 철학의 위치이다. 그의 사상이 전반적으로 탄탄한 사유의 기반을 가졌고, 특히 인식론은 자연과학이 매우 발달한 오늘날에도 별 문제 없이 일반적으로 통용될 수 있는 내용이다. 실러가 자신의 미학사상을 펼치기 위해 칸트 철학을 토대로 삼은 것은 전혀 오류가 아니었다.

다만, 처음부터 책의 문체가 문제였다. 실러는 미학을 다룬 산문은 건조한 학술적인 문장이 아닌 감각성과 자유가 함께 구현된 미적인 방식으로 전개되어야 한다는 말로 자신의 미학 문체를 옹호한 적이 있다. 하지만 그것은 어디까지나 그 자신의 생각이고, 이 책에 찬사를 보낸 사람들조차 이 책이 지닌 난해한 문체를 비판했다. 매우 대립적인 사유가 펼쳐지는 글에서 동일한 뜻을 가진 서로 다른 낱말들이 연속적으로 동원되는 바람에 전체의 사유 체계를 따라가기가 어느 누구도 쉽지 않았기 때문이다.

편지의 수신자인 아우구스텐부르크 공작도 잡지에 실린 정식 판본을 읽고는 실러의 책을 이해하려면 "시적으로 발언된 것을 정밀한 철학적 언어로 옮겨줄 번역자"가 필요하다고 했을 정도이다. 유명한 싸움꾼이던 철학자 피히테와는 문체를 두고 대판 논쟁까지 벌였다. 피히테도 이 글을 "이해하기 위해서는 몽땅 번역해야 한다"고 말했다. 피히테와의 논쟁은 또 다른 이야기로 연결되지만 여기서는 이쯤에서 멈추기로 하자.

같은 언어를 사용하는 사람들조차 번역이 필요하다고 할 정도였으니, 전혀 다른 언어로 번역하는 과정에서 나타나는 난제들은 이루 말할 수 없을 정도였다. 1차 번역이 끝난 다음 원서와 텍스트를 다시 읽어 전체 내용을 파악하면서 텍스트에 나타나는 일부 용어들을 통일했다. 그래도 내용 파악이 쉽지 않아 마지막까지 용어 수정이 계속 이루어졌다.

3.

문체를 제외하더라도 여전히 이 글은 읽는 사람에게 끔찍한 노력을 요구한다. 칸트를 거쳐야 실러 미학을 이해한다는 것은 두 개의 불가능한 작업을 포개어 요구하는 꼴이 아닌가. 이것이 처음부터 옮긴이의 지독한 고민이었다. 하지만 사람이란 고민이 깊으면 나름의 해결책을 찾게 마련이고, 그래서 나름의 해결책에 따라 현재와 같이 본문 텍스트 앞뒤에 해설을 붙인 약간 복잡한 형태의 책이 되었다.

먼저 원문 텍스트에는 편지의 번호만 나올 뿐 아무런 제목도 붙어 있지 않았다. 우리 책에는 편지마다 옮긴이가 임의로 제목을 달고, 다시 책의 전체 내용을 네 부분으로 나누어 그 위에 부분 제목을 붙였다. 독자들이 책의 전체 구성을 한눈에 알아볼 수 있게 하려는 생각에서였다. 이렇게 붙인 제목들이 텍스트 내용을 완벽하게 알려주지는 못해도 전체적으로 조망하는 데는 도움이 될 것이다.

'옮긴이의 해설 1'은 슈베르트의 연가곡 〈겨울 나그네〉를 실례로 '미적 가상[예술]'을 설명한 부분이다. 미적 가상은 《미학 편지》 전체에서도 핵심이 되는 내용이므로, 이것을 파악하고 들어가면 전체 내용을 이해하는 데 도움이 될 것이다. 또 이 기회에 우리나라에 널리 알려진 슈베르트 연가곡의 내용을 자세히 익힌다면 그 또한 나쁘지 않으리라는 계산도 깔려 있다. 책의 맨 마지막에 〈겨울 나그네〉 원문과 번역을 함께 실어놓았으니 실러에 관심이 없는 사람이라도 〈겨울 나그네〉만 따로 살펴볼 수 있을 것이다.

'옮긴이의 해설 2'가 《미학 편지》에 대한 해설이다. 작품의 발생사와 배경 설명, 그리고 《미학 편지》의 도식적인 내용을 정리했다. 바로 뒤에 붙인 '철학 용어 풀이'와 함께 활용하면 혼자서도 실러 텍스트의 내용을 이해할 수 있을 것이라고 믿는다.

4.

경이로운 시간들에 대해 이야기할까 한다. 이 책은 1995년에 이미 번역되어 출판된 것을 2011년 여름부터 겨울까지 거의 새로 번역한 것이다. 나는 박사학위 논문을 끝마칠 때(1990년) 이 책을 번역해 출판해야만 학위 논문이 마무리되는 것이라고 혼자 생각하고 있었다. 그래서 텍스트에 대한 정밀한 이해가 부족한 상태에서 그야말로 억지로 번역해 세상에 내놓았다. 성실한 번역이기는 했지만 부족한 점이 너무 많았다. 한독문학번역연구소에서 이렇게 부족한 책에 번역상을 준 것은 당시에는 잘 몰랐으나 돌이켜보면 정말로 대단한 격려였다. 이제라도 뒤늦게 연구소에 감사 인사를 드리고 싶다.

손성현 박사와 더불어 이 모든 일이 시작되었다. 독일에서 신학박사 학위를 받고 돌아온 사랑하는 제자인 손 박사가 한두 해 전에 덜컥 《미학 편지》를 새로 번역해달라는 요청을 해왔다. 그와 나는 전공이 다르니 정말로 뜻밖의 발언이었다. 신학 교육을 전공한 그는 대학에서 강의하며 실러의 미적 교육의 내용을 학생들과 읽고, 또 직접 실천도 해보고 싶은데 우리말 텍스트가 없다고 했다. 옛날 번역판은 이미 절판되었고, 또 너무 어려워서 읽어도 무슨 말인지 도통 모르겠으니 그동안 갈고 닦은 번역 실력을 총동원해 새로 번역을 해달라는 것이었다.

나는 이미 오래전 우리 사회에 작가 실러를 소개하는 일을 포기했다. 누가 이 어려운 고전 작가를 읽겠는가? 하지만 제자의 말은 무거운 과제가 되었다. 내가 실러를 전공한 것이 사실인데다 또 진지한 제자의 이 같은 요청을 무시하고도 온전할 수 있는 스승이 대체 어디에 있겠는가. 목에 서늘한 칼날이 와 닿는 느낌이었다. 그만큼 존재의 위기를 느꼈다는 말이다(이번에 발견했는데 나는 가지고 있던 실러 자료 상당수를 내다버리면서까지 독하게 그를 포기했던 모양이다. 이는 물론 어리석음 탓에 생긴 일이다).

손 박사의 요청이 있고 얼마 지나지 않아 작은 기적들이 일어나기 시작했다. 먼저 어느 출판사에서 급히 이 책을 내고 싶다는 연락을 해왔다. 그래서 지난여름 새로 작업을 시작했다. 이 출판사는 중도에 계약을 포기했지만, 나는 이미 시작한 작업을 멈추지 않았다. 1차 번역이 완성되자 손 박사는 자청해서 원고를 가져가 원문과 일일이 대조해 읽고 문제점이나 의문점들을 지적해주었다. 그 자신도 번역가이기에 그는 몇 가지 교정까지 병행했다.

어느 날 아침 음악을 들으며 요가를 하고 있는데 문득 기발한 아이디어가 떠올랐다. '미적 가상'과 연결해 슈베르트 음악을 활용하면 어떨까 하는 생각이었다. 그렇게 해서 〈겨울 나그네〉가 해설에 붙게 되었다. 작업 중에는 매일 음악을 들었다.

오스트리아 빈에 살고 있는 절친한 친구인 브리기테 레더러 박사Dr. Brigitte Lederer와는 일주일에 한 번씩 인터넷 통화를 하는 사이이다. 빈 대학교에서 철학을 전공하고 철학과 연극학 강의를 한 그는 한국외국어대학교에서 여러 해 교수를 지냈는데, 우리는 그때 만나 가까운 친구가 되었다. 은퇴 후 그는 서양철학의 주요 고전들을 독파하는 긴 여행을 하고 있는 중이다. 그의 여정은 스피노자와 데카르트에서 시작해 토마스 아퀴나스, 아리스토텔레스를 거쳐 마침 칸트 철학에 이르러 있었다. 젊어서는 뜻도 잘 모르고 읽었던 고전을 나이 들어 다시 읽는 맛이 정말로 별미라고 했다.

통화를 하면서 그는 내 작업에 대해 알게 되었다. 그러자 그는 칸트 철학의 입장에서 실러 텍스트를 읽고 나를 위해 꼭 필요한 용어들을 정리해주겠노라 자청하고 나섰다. 그렇게 해서 책 뒤에 '철학 용어 풀이'가 붙게 되었다. 그와의 거듭된 대화를 통해서 실러의 텍스트에 동원된 수많은 철학적 개념들이 천천히 풀리기 시작했다. 몇 가지 핵심 개념들이 풀리자 실러 텍스트가 가진 도식적 특성들이 어렵지 않게 눈에 들어왔다. 이 도식은 '옮긴이의 해설 2'에 정리해놓았다.

그러고도 우연 덕분에 2011년 말 브리기테 레더러 박사가 한국에 와 열흘 동안 내 집에 머물게 되었다. 우리는 마침 삼성미술관 리움에서 열리고 있는 조선시대 대표 화가들의 작품을 모은 '조선화원대전'이라는 전시회를 두 번이나 방문했다. 우리 둘 다 열광했다. 나는 총 네 번을 관람했다. 그 밖에 용산 국립박물관에서 열리고 있던 조선시대 '사행에 따라간 화가들'이라는 전시회도 관람했다. 그러므로 《미학 편지》 해설 작업이 진행되는 동안 나는 특별한 음악과 미술 체험을 병행할 수가 있었다. 예술작품을 직접 접하면서 미학 이론을 음미하는 것 또한 별미였다.

그리고 우리 집에서 작은 저녁 모임을 가진 적이 있다. 손 박사와 레더러 박사, 과천의 한마당 축제를 지휘하는 연극쟁이 박사인 임수택 감독, 음악에 깊이 빠져 지내는 번역가 정영목 교수, 모 출판사 편집부에서 일하는 제자 고우리 양까지 연령을 초월해 모인 우리들은 음악을 잠깐 곁들이며 우리말과 도이치 말이 범벅이 된 토론의 판을 벌였다. 그날은 주로 칸트 철학 용어들에 대한 이야기가 오갔지만, 어쨌든 여기 모인 사람들은 '조선화원대전'을 보기 위해 한 번 더 만남을 가졌다. 모임 자체가 그야말로 즐거운 학문, 미적인 체험이었다.

이번 추운 겨울을 나는 몽땅 이 책의 해설을 쓰는 일에 바치고 있다. 하지만 이처럼 경이로운 시간들이 또 있을까? 작업은 끔찍하게 어려운 과정을 포함하고 있지만, 나의 요청 없이도 주변 사람들이 알아서 미학 작업에 동참하고, 덕분에 작은 미적인 모임까지 가졌으니 말이다. 게다가 연속된 미적 체험들까지.

이 책은 이렇게 만들어졌다. 휴머니스트 출판사는 지금 출판계 상황이 별로 좋지도 않은데 이토록 상업성과 무관한 책의 출판을 기꺼이 떠맡아 주었다. 책은 일단 나오고 나면 다시 저만의 운명의 길을 가겠지만, 무엇이든 잊어버리기 잘하는 나는 이 경이로운 시간들을 여기 적어 보존하고 싶다. 또한 독자 여러분도 이 책을 읽으며 지적이고 미적인 모임들을 직접 만들고 체험하시기를, 덕분에 우리 사회에 미적인 모임들이 더욱 많아지기를 진심으로 기원한다.

2012년 봄

안인희

| 차례 |

제3장 선험적 관찰[아름다움의 작용에 대한]
— 칸트의 용어와 사유를 기반으로

제4장 실러 미학: 미적 상태와 미적 가상

미적 가상의 체험을 위해

1. 〈겨울 나그네〉(슈베르트 작곡, 빌헬름 뮐러 작사)

누가 음악을 말로 설명할 수 있을까? 음악이 주는 그 특별한 감정을 어찌 말로 다 형용할 수 있을까? 하지만 〈겨울 나그네〉에는 말의 세계에 속하는 서정시가 등장한다. 덕분에 우리는 이 음악에 담긴 이야기와 정서를 어느 정도 말로 따라가 볼 수 있다.

하기야 오페라는 가곡보다 훨씬 더 복합적인 예술이다. 특히 문학작품을 오페라 구대로 옮겨놓은 베르디의 걸작들은 미적 가상의 예로 이보다 더 좋을 수 없는 작품들이다. 하지만 천재적 예술가들의 만남이 이루어지는 오페라는 무대가 필요한데다가 원작들의 문학적 규모도 너무 방대해 간단히 다루기가 쉽지 않다.

그래서 〈겨울 나그네〉를 선택했다. 여기에서는 그 음악에 대해 이야기하려는 것이 아니라, 그 가운데에서 말로 할 수 있는 부분에 대해서만 조금 이야기하려고 한다. 그러므로 다음의 관찰은 처음부터 상당히 제한된 것이다. 이러한 사실을 전제로 하고 이 도이치 가곡의 세계로 들어가보자.

(1) 도입: 전체 소개

이 연가곡은 우리나라 대부분의 사람들이 제목을 알고 있고, 또 5번 '보리수'라는 노래는 모르는 사람이 없다. 이 작품은 도이치 가곡deutsche Lieder 가운데 가장 널리 알려진 것이기도 하다. 이 곡은 오스트리아 작곡가 프란츠 슈베르트Franz Schubert, 1797~1828가 죽기 1년 전인 1827년에 독일의 시인 빌헬름 뮐러의 연작시 24편을 피아노 연주와 성악가의 노래로 작곡한 작품이다. 원래 제목은 '겨울 여행Winterreise'이지만 우리에게는 '겨울 나그네'로 널리 알려져 있다.

시인 빌헬름 뮐러Wilhelm Müller, 1794~1827는 1823년에 〈빌헬름 뮐러의 방랑 노래, 겨울 여행〉 22편을 발표했다. 이듬해인 1824년에는 여기에 2편의 시를 덧붙여 총 24편의 시를 한데 묶어 펴냈다. 이렇게 발표한 작품의 원래 제목은 '방랑하는 호른 연주자가 남긴 서류에서 나온 시들. 제2권. 삶과 사랑의 노래Gedichte aus den hinterlassenen Papieren eines reisenden Waldhornisten. Zweites Bändchen. Lieder des Lebens und der Liebe'이다. 뮐러는 죽기 1년 전인 1826년에도 이 시편들을 다듬었다고 한다.

〈겨울 나그네〉에 얽힌 기묘한 운명을 여기서 볼 수 있다. 겨우 33년밖에 살지 못한 젊은 시인 빌헬름 뮐러가 죽기 1년 전까지 만지던 시편들을 겨우 서른한 살이라는 젊은 나이에 죽은 작곡가 슈베르트가 죽기 1년 전에 작곡한 작품인 것이다. 연작시에 등장하는 젊은이도 이른 나이에 죽음의 길을 떠난다. 겨울이 오면 제목 때문에라도 자주 생각나는 이 연가곡은 우리의 생각만큼이나 춥고 쓸쓸하고 처절하고 고통스럽고 외롭다.

이 글을 준비하고 쓰는 동안 나는 거의 매일 아침 일과처럼 제럴드 무어Gerald Moore의 피아노 연주와 디트리히 피셔-디스카우Dietrich Fischer-Dieskau의 노래로 〈겨울 나그네〉 전곡을 듣곤 했다.

① 이야기의 전체적 윤곽

눈 쌓인 한겨울 어느 시골 마을 뒤편, 인적이 드문 야산에서 다 죽어가는 젊은 사내 하나가 발견되었다. 초췌한 행색에 수염이 덥수룩하게 자란 젊은이 옆에는 작은 배낭과 나무 지팡이 하나가 놓여 있었다. 마침 사냥꾼이 들짐승을 잡으러 지나던 길에 발견해 젊은이를 마을로 실어와 정성껏 보살폈지만, 죽음의 문턱에 이른 사내는 전혀 소생할 기미를 보이지 않더니 끝내 숨을 거두고 말았다.

죽은 사내의 배낭에는 그의 운명을 짐작케 할 만한 몇 가지 물건들이 들어 있었다. 그 가운데에는 눈물방울로 얼룩진 시편이 있었다. 또한 그는 호른 연주자였던 것으로 짐작된다. 이제 그가 남긴 시편들을 따라 그의 고독한 운명을 만나보자.

② 그의 삶, 그의 사랑

그는 원래 작은 도시 출신으로 지난 5월 큰 도시로 진출했다. 1년 중 가장 아름다운 계절 5월, 도시 사람들은 젊은 호른 연주자를 따뜻하게 맞이했다. 그곳에서 그는 한 아가씨를 알게 되었고, 이내 두 사람은 사랑하는 사이가 되었다. 그녀의 가족도 다정다감한 이 젊은이를 친절하게 대해주었고, 시간이 흐르면서 아가씨의 어머니도 젊은이를 장래 사윗감으로 여기는 눈치였다.

젊은이는 벌이가 썩 신통치 않았지만, 먼저 궁정 악단에 자리를 잡고 또 제자들을 가르치면 그럭저럭 생활을 꾸려갈 수는 있을 것 같았다. 그는 아가씨와 함께할 미래를 꿈꾸면서 도시에서 행복한 시간을 보냈다. 하지만 달콤한 시간은 그리 길지 않았다. 그가 자리를 잡기도 전에 돈 많고 나이 많은 구혼자가 나타난 것이다.

형편이 그리 넉넉하지 않은 아가씨 가족이 부자 구혼자에게 마음이 기운 것은 우리네 짐작으로도 당연한 일인지 모른다. 계절은 겨울로 접어드는데 젊은 악사의 일자리는 아직도 확정되지 않았다.

그가 마지막으로 아가씨 가족을 방문했을 때는 사방이 눈으로 뒤덮인 한겨울이었다. 그는 아가씨 가족이 가난하고 젊은 자기 대신 나이 많은 부자 구혼자를 선택했다는 사실을 알게 되었다. 원래 그곳에서 밤을 보낼 예정이었지만 그날 밤 짐을 꾸려 그 집을 빠져나왔다. 아가씨가 잠에서 깨지 않도록 방문을 조심스레 닫고, 대문에 "안녕히!"라는 작은 글자를 남겼다. 이것이 바로 〈겨울 나그네〉 첫 노래의 배경이다.

(2) 현실과 예술

① 현실이라면……

앞에서 소개한 젊은이의 이야기를 신문에서 읽었다고 하자. 어떤 가난한 젊은이가 약혼녀가 변심해 다른 사람을 신랑감으로 선택하자 낙담한 나머지 한겨울에 도시에서 도망쳐 눈 쌓인 산과 들을 헤매다 시골 마을 뒷산에서 죽었다는 딱한 사연을 접했다면……. 한편으로는 마음이 몹시 아프면서도 다른 한편으로는 "젊은 놈이 그리 허약하고 허망하게 죽을 게 뭐야? 여자는 또 만나면 되고, 열심히 살아야지" 하는 마음도 들 것이다.

하지만 같은 이야기를 연작시로 읽으면 전혀 다른 느낌이 든다. 시의 운율을 따라가면서 시에 표현된 그 가슴아픈 순간들에 차츰 동화되고, 때로는 일부러라도 그 아픈 마음에 공감하려는 노력을 하게 된다. 더구나 여기에 음악까지 덧붙여지면 우리는 아예 그 분위기에 심취하게 되고, 때마침 어려운 일에 처해 있다면 음악을 들으며 눈물을 펑펑 쏟을 것이다.

처음에 나오는 시인과 음악가의 운명까지 함께 읽으면 우리는 이 작품에 대한 더욱 깊은 감상에 빠지게 될 것이다. '그래, 아마 그래서였을 거야. 그들은 자신에게 닥쳐온 죽음을 예감하고 이토록 절절한 작품을 만든 것이겠지.' 음악이 흐르는 동안 우리는 이런 감상에 빠지게 될 것이다.

여기에서 우리의 태도에 미묘한 차이가 나타나는 것을 볼 수 있다. 현실에서 낙담한 나머지 죽음의 길을 선택한 젊은이에 대해서는 동정심과 함께 일말의 도덕적 비판을 가하면서도, 예술작품에서는 그 같은 도덕적 비판을 면제해주고 오히려 그런 상황을 공감으로 받아들인다.

어째서 우리는 현실과 예술작품에 등장한 동일한 이야기에 이렇게 다른 반응을 보이는 것일까? 답은 간단하다. 예술작품에 등장하는 현실은 진짜 현실이 아니기 때문이다. 실화에서 얻은 이야기를 다룬 작품이라도 마찬가지이다. 다시 말해서 예술작품의 내용이 거의 현실처럼 보인다 해도 이것은 현실이 아닌 다른 차원의 것이다.

만일 이 젊은 호른 연주자의 이야기가 실제로 일어난 일이라면 젊은이의 죽음은 여러 날에 걸쳐 먼 길을 아주 고통스럽게 헤맨 끝에 일어난 일일 것이다. 젊은 몸이라 추위와 굶주림에 개의치 않고 계속 길을 걸었을 테고, 원래 지병이 없었다면 마침내 탈진한 끝에 동사했을 것으로 짐작된다. 마음의 고통으로 정신이 나간 젊은이는 신체적으로 아마 별다른 느낌도 없었겠지만, 그래도 이것은 몹시 질척거리는 고통스러운 죽음의 이야기이다.

② 가상 현실에서는……

하지만 음악작품에서는 70분 남짓 만에 모든 상황이 종료된다. 여러 날이 걸리는 현실의 시간과는 전혀 다른 시간이다. 공간도 마찬가지이다. 이 음악 연주는 실내에서 이루어진다. 현실의 주인공이 헤매고 다닐 실제 공간과는 아무 상관도 없다. 그리고 피아니스트나 성악가, 듣는 이 중이 상황의 실제 주인공은 없다. 개인적으로 비슷한 경험을 하는 중일 수는 있어도 노래에 등장하는 '나Ich'에 해당하는 사람은 없다. 다만, 성악가나 피아니스트, 청중 모두 서정시에 등장하는 '나'의 처지가 되려는 노력을 할 뿐이다.

연주를 하는 동안 성악가는 작중 인물인 '나'를 노래한다. 듣는 이도 자신의 이야기처럼 노래에 동화되어 듣는다. 완전한 몰입의 순간이 되면 연주자나 청중은 한순간 '나'가 되어버린다. 예술작품이 선사하는 감동의 순간이다. 하지만 그런 감동이 아무리 커도 연주가 끝나면 모두 현실의 자기 자신으로 되돌아가지 않을 수 없다.

말하자면 예술작품에 등장하는 세계는 마치 오늘날 사이버 세계의 게임처럼 가상 현실에 해당한다는 말이다. 예술작품의 세계를 실러는 '아름다운 가상der schöne Schein' 또는 '미적 가상der ästhetische Schein'이라고 불렀다. 예술작품이 실제 현실과는 다른 차원의 것임을 강조하기 위해서였다. 그의 미학은 바로 이 '미적 가상'의 특성을 밝히고, 이것을 현실에서 분리해내는 일에 초점을 맞춘 것이다. 미적 가상을 통해 나타나는 미적 상태에서 인간은 무엇을 경험하는가? 그리고 그것은 인간에게 어떤 작용을 하는가?

오늘날 간단히 '가상 현실'이라고 표현하면 시시할 정도로 쉽게 이해할 수 있을 것이라고 생각된다. 하지만 당시는 오늘날 우리가 체험하는 것과 같은 가상 현실을 쉽게 접할 수 있던 시대가 아니었다.

어쨌든 매우 어려운 논리와 용어를 동원한 실러의 미학 개념에 따르면 예술작품의 세계란 결국 가상 현실의 그것과 비슷하다는 말이다. 물론 정확한 용어로는 '미적 가상'이라고 해야겠지만……. 뭐야, 가상 현실이라고? 어떤가, 그럼 너무 쉬운가? 과연 정말 쉬울까? 〈겨울 나그네〉라는 작품을 통해 그 미적 가상의 세계를 살펴보기로 하자.

2. 미적 가상의 세계

(1) 연작시

① 시간, 공간, 주인공: 천天, 지地, 인人

〈겨울 나그네〉라는 연작시에 대해 앞에서 들려준 주인공의 이야기는 시에 드러나 있는 내용을 토대로 일부는 추정을 덧붙여 만든 것이다. 24편의 시는 주인공과 그의 상황, 시간과 공간 등을 우리에게 알려준다. 우리는 그것을 통해 작품에 등장하는 시간적·공간적 상황을 종합적으로 읽어낼 수가 있다.

사랑하는 이에게 배신당한 젊은이는 한밤중 애인의 집을 떠나 며칠 뒤 어느 마을 뒤편에서 죽어가는 상태로 발견된다. 이로써 그가 걸어간 길은 "아무도 돌아오지 못한 길"(20번)이 된다. 시간적으로나 공간적으로 젊은이의 동선動線은 앞으로만 향한다. 그는 걷다가 뒤를 돌아보기도 하고, 추억과 회상과 꿈을 통해 생각 속에서 과거로 돌아가기도 하지만, 그러나 그의 발걸음은 다시는 걸어온 길로 되돌아가지 않는다. 물론 그 사이 시간은 쉬지 않고 앞으로만 흐른다.

작품은 전체적으로 출발(1번)과 도착(24번)의 공간과 그 사이에 있는 22개의 정거장을 보여준다. 24편의 시를 이렇게 읽어내면 상당히 간략하게 도식화할 수 있다.

출발(도시: 애인의 집) → **도착**(어느 마을: 죽음)

A

1번부터 11번 노래까지는 비교적 분명한 시간과 공간의 이동을 보여준다.

노래	시간·공간·상황
1. 안녕히	여행을 시작하는 **밤**. 도시에서 애인의 집을 몰래 빠져나감.
2. 풍향계	애인의 집 앞에서 집을 바라보며.
3. 언 눈물	그 집에서 멀어지며.

4. 얼어붙음	성문으로 가는 길. —지난 추억에 잠겨.
5. 보리수	성문 앞 우물곁.
6. 홍수	성문 밖.
7. 강 위에서	도시 안으로 흐르는 강물, 언 강을 건너며.
8. 뒤를 돌아보며	아직은 멀리 도시가 보이는 곳에서.
9. 도깨비불	큰 길에서 벗어나 암벽들이 늘어선 숲속으로.
10. 휴식	숯쟁이의 오두막에서.
11. 봄의 꿈	잠이 들어 꿈을 꾸다.

B

12번 이후로는 시간과 공간의 상황이 지금까지보다는 조금 불확실해진다. 대신 그의 마음속 느낌과 죽음을 향한 동경이 차츰 분명하게 드러난다. 공간적으로 한 가지 확실한 것은 그가 애인이 사는 곳에서 계속 멀어지고 있다는 사실이다.

12. 고독	**낮**. 모처럼 화창한 날씨에 오히려 더욱 비참한 심정으로 계속 걷는다.
13. 우편마차	다시 큰 길에서. 도시에서 떠나온 우편마차를 보다. [우편마차는 우편물과 여행자를 실어 나르던 옛날 유럽의 교통수단]
14. 흰 머리	어서 늙어 죽기를 갈망하는 마음에서 자신의 젊음을 탄식.
15. 까마귀	죽음을 갈망.

16. 마지막 희망 — 겨울나무에 매달린 가랑잎에 걸어보는 마지막 가냘픈 희망.

17. 마을에서 — 다시 **밤**. 어느 마을에 도착. 출발한 다음 날 밤, 즉 두 번째 밤. 마을에 도착한 것은 사람들이 잠자리에 든 늦은 밤인데도, 외로운 나그네는 계속 걷는다. 마치 짖어대는 개들에게 쫓기기라도 하는 것처럼. 10번 노래와는 달리 지친 몸을 어딘가에 눕혀 휴식을 취하지도 않고, 따라서 허망한 봄의 꿈을 꾸지도 않는다.

18. 폭풍우 치는 아침 — **아침**. 폭풍우가 몰려오는 광경 속에서 12번 밝은 날씨보다 오히려 마음 편하다.

19. 착각 — 꿈속도 아니건만 비몽사몽 중에 잃어버린 헛것을 잠깐 본다. 이것은 착각 속에서라도 그를 이승과 연결시켜 주는 마지막 환상.

C

20번부터는 이미 절반은 이승의 영역에서 벗어나 이승과 저승의 중간에 있는, 어느 정도 초현실적인 시간 공간을 배경으로 삼는다. 19번 '착각'을 끝으로 그의 마음은 이미 이승의 일들에서 벗어난다.

20. 이정표 — 그는 "아무도 돌아오지 못한 길"을 알려주는 이정표를 발견하고 그 길로 접어든다. 묘지로 향하는 길

21. 주막집 — 많은 사람이 휴식을 취하는 공동묘지. 그러나 그

의 자리는 없다.

22. 용기를 내! 공동묘지를 떠나며.

23. 다른 태양들 다시 **밤**, 세 번째 밤. 그에게도 한때는 하늘에 세 개의 태양이 빛나던 적이 있었다. 하늘에서 빛나는 태양과 사랑하는 여인의 빛나는 두 눈동자. 한동안 그렇게 세 개의 태양이 빛났건만, 그 모두는 그의 몫이 아니었다. 애인을 잃으면서 태양 두 개가 한꺼번에 사라졌고, 하나 남았던 세 번째 하늘의 태양도 이제 막 져버렸다. 마치 세상의 끝처럼.

24. 악사 마을 뒤편에서 쓰러지다. 맨발의 늙은 악사〔죽음〕의 음악 소리를 들으며, 그와 함께하다.

이 작품에서 시간은 피아노의 탄주彈奏와 함께 쉬지 않고 흐른다. 연작시 전체를 정교하게 읽지 않는다면 이런 시간의 흐름을 찾아내기가 쉽지 않지만, 시에 등장한 시간을 자세히 따져보면 나그네의 공간 이동과 더불어 여행한 시간도 상당히 정확하게 알 수 있다. 여행을 시작한 시간이 밤이고, 그가 목적지에 도착한〔죽음〕 시간도 밤이다. 그 사이 밤이 한 번 더 있었으니 그의 여행은 총 48시간 정도 걸린 셈이다.

물론 B와 C 부분에서 시간 공간이 확정적이 아닌 만큼 그가 더 여러 번의 밤을 보냈다고 해도 그 또한 그다지 문제될 것은 없다. 다만, 작품에 분명히 언급된 밤낮만을 헤아리면 그렇다는 말이다. 몹시 추운 한겨울에 먹지도 못한 채 눈 쌓인 산과 들을 헤매었으니 젊은이가 탈진해 잠이 들기까지 이 정도 시간이 걸렸다고 본다면 그다지 무리가 없을 듯싶다.

② 구성과 배치: 주제

주의 깊은 독자는 앞의 내용을 읽으면서 시인이 전체 구성을 치밀하게 거듭 살피고 손질한 끝에 지금과 같은 구조물이 나온 것임을 눈치챘을 것이다. 주인공은 출발지를 떠나 잠시도 쉬지 않고 마지막 목적지를 향해 간다. 하지만 그의 몸이 도시에서 멀어지고 있는 동안에도 그의 마음속 상념은 계속 이쪽과 저쪽으로 움직인다. 과거로 돌아가 옛날을 회상하고 그리워하는가 하면, 아직 멀리 있는 죽음의 순간을 미리 고대하기도 한다.

앞에서 보았듯이 연작시를 읽는 사람은 애인의 집에서 멀어지는 주인공의 행로를 상당히 구체적으로 따라갈 수 있다. 그런데도 24편의 시들은 단일한 주제를 처음부터 끝까지 단조롭게 반복하지 않고, 시간-공간의 흐름과 마음의 상태에 따라 대략 세 그룹으로 나뉜다. 곰곰이 생각해보면 이런 구분이 논리적 필연성을 가졌음을 알 수 있다.

A

애인의 집을 떠난 그 밤의 행로가 시간과 공간의 순서에 따라 정교하게 펼쳐진다. 그의 마음은 방금 떠나온 곳과 애인에 대한 그리움, 상실감, 추억, 마음의 상처, 원망으로 가득 차 있다. 1번 노래의 상황으로 추측해보면 그는 어디로 가려는지 자신도 모른 채 여행 준비도 제대로 하지 못한 채 출발했다. "사람을 꺼릴 아무 짓도 저지른 적이 없건만"(20번) 애인을 잃은 상실감에 무작정 길을 떠난 것이다. 그리고 스스로를 "불쌍한 도망자"(2번)라고 부른다.

자기 방에서 나와 애인의 집 대문을 나서 도시의 성문을 향해 걷다가 성문 앞 우물곁에 서 있는 보리수 아래에서 가슴아픈 작별을 고한다. 이어서 성문에서 멀어지는 그의 행로를 그대로 따라갈 수 있다. 도깨비불에 홀린 듯 숲으로 들어가는 장면에서야(9번) 비로소 이 여행의 전체 행로가 암시된다. "모든 강물은 바다로 흐르고, 모든 아픔은 무덤에서 끝날 것이니."

B

시간과 공간이 약간 불분명해지면서 그의 마음속 생각이 오히려 차츰 분명해진다. 그는 이 외로움과 그리움, 아픔에서 벗어나기를 바란다. 서리가 내려 자신의 머리가 허옇게 센 것을 보고 드디어 고통스러운 행로에 자신이 늙었다고 여기며 기뻐하지만, 서리는 금방 녹고 검은 머리가 다시 드러나자 그는 자신의 젊음이 부담스러울 뿐이다. 이어서 끈질기게 자신을 따라오는 까마귀를 보고 애인에게서 보지 못한 지조를 보게 된다.

그러면서도 그의 마음은 아직 삶을 향한 가냘픈 희망에 매달리고 막연한 착각에 흔들린다. 그 어떤 경이로운 기적이라도 일어난다면 어쩌면 삶으로, 세상으로 되돌아갈 수 있을지도 모를 마지막 순간들은 그러나 허망하기 짝이 없는 "착각"(19번)으로 판명된다.

C

그는 "이정표"(20번) 앞에 선다. 여러 도시를 가리키는 것들과 또 다른 방향을 가리키는 이정표. 하지만 '아무도 돌아오지 못한 길'을 안내한 방향만이 그의 눈에 뚜렷하게 들어온다. 삶과 죽음의 방향을 가리키는 이 기로에서 그는 죽음의 방향을 자신의 운명으로 여기고 그 길로 들어선다. 이제야 그의 여행의 목적지가 분명해졌다.

하지만 공동묘지에 도착했다고 곧 죽음이 찾아오는 것은 아니다. 많은 사람이 휴식을 취하고 있는 이곳에서 그는 한 자리도 얻지 못하고 다시 떠나야 한다. 용기를 내보지만 하늘의 태양도 지고 말았다. 졸음에 빠져들며 그는 마을 뒤편에서 홀로 맨발로 오가며 손풍금을 돌리는 늙은 악사의 환영을 본다. 늙은 악사의 노래는 한순간도 멈추지 않고 계속 이어진다. 이 초현실적 인물은 죽음의 모습으로 읽힌다. 개들만이 짖어대는 시간, 노인 곁에서 젊은이는 마침내 그토록 갈구하던 '휴식'을 얻는다.

여행을 처음 시작할 무렵 그는 저 성문 앞 보리수 아래에서(5번) 나뭇가지가 바람에 흔들리며 내는 소리를 들었다. "친구여, 그대 여기서 휴식 Ruhe을 찾으리." 하지만 사나운 겨울바람에 쫓겨 황급히 그곳을 떠나야 했다. 지난 시절 언제나 다정하고 달콤하게 휴식을 베풀던 보리수 곁을 떠나 그는 "휴식 없이 걸으며 휴식을"(20번) 찾아 헤맸다. 마침내 휴식을 얻었으니 그는 목적지에 도착한 것이다.

그의 목적지가 밝혀지면서 연작시의 전체 행로도 분명해진다. 삶에서 낙담한 젊은이는 휴식을 갈망했고, 진짜 휴식을 찾았으니 곧 죽음이다. 그리고 이것은 시 전체 내용이 앞에서 밝힌 것처럼 일직선의 행로를 보이는 이유를 설명해준다. 죽음의 길을 걸어간 사람에게 귀환이란 없는 법, 전체 구성이 하나의 출발점에서 하나의 도착점에 이르는 과정이 된다는 것은 지극히 당연한 일이다.

순환이 아니라 직선으로 나타나는 이 구성은 우리 마음에서 어느새 또 다른 더욱 보편적인 연상작용을 불러일으킨다. 전체 이야기가 하나의 특별한 삶의 이야기일 뿐만 아니라 보편적 삶의 이야기라는 느낌을 받는 것이다. 비록 젊은이가 개인적인 절망감에서 때이른 죽음에 이르기는 하지만, 우리 자신의 삶은 대체 거기서 얼마나 멀고, 얼마나 다르랴! 결국은 우리 모두 가는 길을 단지 그가 조금 앞서 갔을 뿐인데. 그가 아직 젊기 때문에 저 '이정표' 앞에서 마치 방향을 선택한 것처럼 보이지만, 실은 우리 모두 언젠가는 그 이정표 앞에 서게 될 것이고, 실제로는 선택의 여지없이 그가 간 방향으로 가야만 한다. 이 방향은 선택이 아니라 필연이요, 방금도 우리 모두의 앞에 놓여 있는 것이다.

연작시의 원래 제목이 '겨울 나그네'가 아니라 '겨울 여행'임을 기억한다면 출발지에서 목적지에 이르는 전체 여정이 시의 제목과 매우 잘 맞아떨어짐을 알 수 있다. 이 슬픈 겨울 여행은 결국 쓸쓸한 우리 삶에 대한 은유인 것이다.

이 같은 전체의 주제와 아울러 각각의 시들이 어떤 개인적인 추억이나 사건들을 연상시키기라도 한다면 이 음악은 어느새 '나'의 노래가 된다. 그렇게 우리는 예술작품을 '자기' 것으로 만든다. 그것을 소유하는 것이 아니라—대체 어떻게 소유한단 말인가!—진정으로 느끼고 즐기면서 자신의 삶의 일부로 받아들이는 것이다.

③ 죽음의 체험과 카타르시스

앞의 세 그룹에 각각 다음과 같은 제목을 붙일 수 있다.

A. 출발
B. 방랑-가냘픈 희망을 품고
C. 도착

연작시가 그려내는 세계는 출구 없는 절망과 결국은 죽음에 이르는 행로이다. 이토록 암울한 세계를 우리는 어쩌자고 좋아하는가? 겨울이 다가올 때면 한 번쯤 들어야 할 곡이라 여기지 않는가? 물론 대부분의 사람들은 시의 내용에는 그다지 신경을 쓰지 않고 음악이 만들어내는 깊은 감상에 나름대로 몰입하는 것이 사실이다. 그래도 별 상관은 없지만, 이 음악을 좋아하는 사람들은 대부분 이것이 무엇에 관한 노래인지 알고 있다. 알면서도 기꺼이 이 참담한 세계에 잠시 몸을 던지는 것이다. 시의 내용을 정확하게 안다면 그 감정은 오히려 더욱 깊어진다.

정말로 애인에게 배신당했거나 삶에 절망했을 때 또는 그냥 마음이 시리도록 외로울 때면 이 음악은 더욱 우리의 마음을 사로잡는다. 음악에 깊이 몰입해 주인공과 함께 죽음의 행로를 걸어본다. 마치 자신의 죽음을 향해 걸어가듯이.

이런 사실을 생각해보면 옛날의 또는 오늘날의 엄격한 도덕론자가 감수성이 예민한 젊은이들에게서 이런 예술세계를 멀리 떼어놓고 싶어한 이유를 이해할 수 있다. 그야말로 퇴폐적이고 불안하기 이를 데 없는 속삭임이자 유혹으로 여겨졌을 테니 말이다.

하지만 시보다 내용을 우리의 감성에 더욱 직접적으로 전달해주는 음악에 몰두해본 사람은 알고 있다. 이 음악을 들었다고 진짜로 죽음으로 향하는 일이 흔치 않다는 것을 말이다. 자신의 감정과 상황을 스스로 음악에 투사한 것이라면 몰라도, 슈베르트 작곡의 이 클래식 음악이 우리에게 그런 감정을 유발하기는 그리 쉽지 않다. 특히 외국어로 듣는 우리에게는 더욱 그렇다.

시의 내용을 정확히 이해하고 음악을 들어보자. 그리고 시와 음악이 전달하는, 깊은 절망으로 인한 죽음의 행로에 완전히 몰입해보자. 음악이 계속되는 동안 우리의 감정은 예술작품이 전달하는 절망감에 푹 젖어들게 된다. 음악이 끝나면 우리의 감정은 그것이 아주 깊은 절망감이라고 해도 대부분 소진되어 버린다. 한 시간 남짓 되지만 그 시간이 지난 뒤에도 그런 감정의 밀도를 계속 유지하기란 쉬운 일이 아니다. 깊이 몰두했을수록 음악이 끝나고 나면 오히려 안도의 한숨을 내쉬게 된다.

제대로 몰입해서 이런 체험을 하고 나면 우리의 마음은 오히려 한결 가벼워진다. 음악이 끝나면서 가슴 깊이 축적되어 있던 절망감 일부도 함께 쓸려나가 상당히 줄어든 것을 경험할 수 있다. 이것이야말로 아리스토텔레스가 비극Tragödie을 정의하면서 말한 '카타르시스[淨化]'이다. 카타르시스란 어떤 감정[여기에서는 죽음에 이르는 절망감]에 완전히 몰입함으로써 오히려 마음속에서 그런 감정을 소진하고, 마음이 그 감정에서 해방되는 과정을 가리킨다. 예술작품의 체험이 가져오는 효과이다.

시를 이야기하던 중 어느새 음악으로 넘어가기는 했지만, 연작시가 전달하는 정서가 음악과 그리 다른 것은 아니다. 앞서 우리는 시의 주인공이 말하는 '나'의 세계를 살펴보았다. 서정시에 등장하는 '나'를 가리켜 전문용어로는 '시적 자아das lyrische Ich'라고 한다.

시를 많이 읽어 시적 체험이 풍부한 독자는 시에 등장하는 '나'를 현실의 시인과 동일인물로 착각하지 않는다. 그리고 현실의 '나'라고 여기지도 않는다. 현실의 내가 아닌데도 서정시에 등장하는 '나'의 감정에 몰입할 수 있다면 그런 감수성 또는 감정 이입의 능력은 매우 소중한 것이다.

서정시는 복잡해지는 운율을 속에 잔뜩 감추고 있지만, 여기에서는 그것에 대해 생략하기로 한다.

(2) 음악 만들기

① 도이치 가곡

우리는 슈베르트를 통해 도이치 가곡의 세계로 들어가게 된다. 아직 젊은 나이였던 슈베르트는 빌헬름 뮐러의 연작시를 피아니스트와 성악가를 위한 협주 음악으로 만들었다. 이 음악을 듣는 사람은 세 가지 요소에 주목할 수밖에 없다. 먼저 노랫말을 이루는 연작시와 피아노 연주, 성악가의 노래이다. 이 세 요소가 바로 도이치 가곡의 기본적인 구성 성분이다.

이 글을 쓰는 나는 작곡이나 음악에 대해 많은 이야기를 할 수 있는 처지가 못 된다. 작곡은커녕 피아노 연주도 못 하니까. 하지만 그렇다고 해도 몇 가지 평범한 관찰을 시도해볼 수는 있다.

먼저 시〔문학〕와 음악의 차이에 주목할 필요가 있다. 시는 실화든 아니든 삶에서 건져 올린 소재를 가공한다. 그것도 현실의 여러 요소와 뒤섞여 매우 혼탁하게 오염된, 그래서 예술적으로 다루기 힘든 매체인 언어를 사용해 다룬다. 옛날의 엄격한 형식을 따른 서정시를 통해 이런 소재와 언어는 혼탁한 오염에서 벗어나는 1차적인 정제 과정을 거친다.

음악도 물론 CF나 온갖 미디어를 통해 일상생활과 뒤섞이면서 음악 매체 자체의 오염을 피하기 어렵게 되었지만, 그래도 여전히 언어와는 비할 바 없을 정도로 매체의 순수성이 남아 있다. 기악곡에는 아예 언어가 등장하지 않는다. 하지만 언어를 이용하는 경우에도, 특히 〔도이치〕 가곡은 여기서 보듯이 이미 정제된 서정시를 소재로 삼는다. 음악에도 언어가 등장하면 음악적 소양이 부족한 사람들은 어떤 의미에서 음악작품에 접근하기가 쉬워진다고 느낀다. 적어도 나는 그렇게 느낀다.

작곡가는 현실적 내용을 다룬다고 해도 현실을 직접 다룰 필요 없이 이미 상당 수준 정제된 서정시를 소재 삼아 시가 불러일으키는 온갖 감정과 내용을 표현하게 된다. 나로서는 슈베르트가 작곡한 과정이나 기법은 알 길이 없고, 내가 할 수 있는 것은 실제 연주를 듣는 것뿐이다.

② 연주: 피아니스트와 성악가의 협연

우리는 흔히 노래와 함께 나오는 피아노 연주를 '반주'라고 여겨 살짝 뒤로 밀어내는 경향이 있다. 하지만 도이치 가곡에서 피아노는 단순히 노래를 뒷받침하는 역할만 하지는 않는다. 모든 노래는 피아노 연주로 시작해 피아노 연주로 끝난다. 즉 피아노가 도입과 마무리를 맡는다. 피아노가 노래를 뒷받침하거나 노래를 따라가는 반주의 역할도 하지만, 많은 부분에서 노래와는 다른 길을 걷는다. 어떤 부분에서는 반주를 하면서 동시에 다른 것도 말한다.

음악을 거듭 들으면 피아니스트와 성악가가 협연을 하고 있다는 사실을 더욱 절감하게 된다. 피아노와 성악가는 함께 나란히 가다가 서로 말을 주고받거나, 이따금 서로 다른 길을 걷는다. 인간의 목소리와 악기의 소리가 한데 어우러져 시가 들려주는 감정과 내용을 전달해준다. 그 과정에서 두 연주자는 빠르기나 강약 등에서 서로 호흡을 맞춘다. 함께 긴장과 이완을 거듭하며 음악을 만들어내는 것이다. 아무리 뛰어난 연주자들이라도 서로 호흡이 맞지 않으면 하모니가 깨지면서 듣는 이가 음악에 집중하기 어려워진다.

우리 가운데 많은 사람은 간단한 반주에 맞춰 또는 혼자서 '보리수'를 노래할 수 있다. 하지만 정작 피아노 연주가 나오면 훈련받지 않은 사람들은 어디서 들어가고 빠져야 할지 몰라 당황하게 된다. 물론 악보를 볼 수 있다면 대충은 알 수 있지만, 그래도 노래 중간에 피아노가 딴소리를 하면 당황하지 않을 수 없다. 다시 말해서 혼자 멋대로 노래를 부를 수는 있어도 피아노와 함께 협연을 하기는 힘든 것이다.

협연의 예를 들어보자. 〈겨울 나그네〉를 거듭 들으면서 — 누구나 그렇듯이 — 나는 몇 개의 노래에 특히 끌리게 되었다. 그 가운데에서도 13번 '우편마차'와 15번 '까마귀'에 번번이 매혹되지 않을 수 없다. '우편마차'의 피아노는 말발굽 소리와 함께 두근거리는 심장 소리를 들려주는 것만 같다. 말발굽 소리와 심장 박동 소리가 한데 어우러지고, 거기다 쉬지 않고 흐르는 시간까지 힘을 합쳐 인간의 불안감을 드러내준다. '까마귀'의 피아노는 하늘 높은 곳에서 날고 있는 까마귀의 모습과 함께 그 모습에 포함되어 있는 죽음의 유혹을 들려주는 듯하다. 나는 거듭 그 유혹에 넘어가곤 한다. 즉 음악을 자꾸 들을수록 뛰어난 협연 장면에 매혹되고 있는 것이다. 나머지 모든 곡도 마찬가지이다. 시에는 들어 있으나 우리가 놓치기 쉬운 정경과 감추어진 감정을 피아노가 자주 들려준다.

인간의 목소리는 악기에 비해 소리의 폭에 많은 제한을 갖는 것이 사실이다. 하지만 무엇보다도 우리에게 친근하고, 악기가 절대로 하지 못하는 노랫말을 전달할 수 있고, 더불어 온갖 인간적 감정을 실을 수 있기 때문에 어떤 악기 못지않은, 아니 악기를 능가하는 당당한 고유 영역을 지닌다.

피셔-디스카우와 제럴드 무어의 협연을 듣고 있으면 무엇보다도 성악가의 감정 절제가 느껴진다. 이 처절한 죽음의 행로에서 그야말로 흐느

껴 울며 노래할 법한 장면들이 꽤 많건만 성악가는 그런 감정의 폭발을 자제한다. 덕분에 전체 작품을 통해 뛰어난 화음과 조화가 생겨난다. 개별 장면들에서 감정이 적절히 절제되고 있기 때문에 듣는 이는 무리 없이 음악을 끝까지 따라갈 수가 있다. 어느 한 장면에서 폭발한다면 그 자리에 멈추어 서거나 아니면 도중에 듣는 이의 감정이 몽땅 소진될 수도 있지만, 이 음반은 듣는 이를 마지막까지 편안히 데려간다. 그리고 음악이 끝난 다음에도 그 마지막 여운을 음미할 여력을 남겨둔다.

이것이 바로 실러가 말하는 '형식'의 힘이다. 시가 표현하는 처절한 내용을 감싸는 이중, 삼중의 형식이 음악 연주에 나타난다. 먼저 엄격하게 통제되는 운율을 바탕으로 한 서정시의 형식, 이어서 작곡가가 부여한 음악의 형식, 그리고 마지막으로 자신을 절제하고 만들어내는 연주자들의 하모니.

이렇게 해서 예술작품에서 형식이 내용을 누르고 승리를 거두는 것이다. "오직 형식에서만 참된 미적인 자유를 기대해볼 수 있습니다. **형식을 통해 재료(소재)를 없앤다**는 바로 그 점에 대가大家의 예술적 비밀이 있습니다."(스물두째 편지) 다만, 실러가 《미학 편지》에서 말하는 미적 상태는 형식과 함께 소재도 발언권을 가지는 영역임을 잊어서는 안 될 것이다.

(3) 음악 듣기: 지금 여기 있기

서정시나 음악은 시인이나 음악가를 위한 것이 아니라 읽는 이와 듣는 이를 위한 것이다. 제대로 읽고 제대로 듣는 것이 결국은 최종 목적이다. 그만큼 독자와 청중이 중요하다는 뜻이다. 나는 바로 그런 독자와 청중에 속하는 사람이다. 다만, 서정시를 읽기 위해서는 상당한 훈련을 거쳤고, 음악 듣기는 오랜 기간에 걸쳐 음악을 들음으로써 체험을 통한 훈련만 했을 뿐이다. 서정시를 읽기 위한 훈련이 음악 듣기에 약간의 도움을 준 것이 사실이다.

나는 20대 말 처음으로 클래식을 접하긴 했지만, 그보다 훨씬 뒤에야 음악 듣기에 몰두할 수 있었다. 내 경우 음악 듣기의 맨 처음 경험은 줄기차게 밀려드는 졸음이었다. 음악에 몰입하지 못하니 저절로 졸음이 찾아온 것이다. 하지만 이제는 대체로 '듣기'를 잘하는 편이다. 다른 사람의 이야기도 잘 듣고, 음악 듣기도 그런 대로 잘한다.

졸지 않고 시를 읽고 음악을 듣기 위해서는 먼저 상념에서 일상의 일들을 내려놓아야 한다. 마음 가득 근심이 있다면 읽거나 듣는 데 집중할 수가 없다. 마음 일부가 계속 다른 쪽으로 끌려가니 시나 음악에 집중하기 어렵고, 그렇다고 일상의 상념에 완전히 몰두하지도 못하니 결국 졸음이 찾아오는 것이다. 혹은 작품의 흡입력이 강하면 저절로 일상이 사라지면서 작품에 몰입하게 된다.

'지금 여기 있기'의 태도 없이는 세상 어떤 것도 자신의 것으로 만들 수 없다. 공부나 직장의 일도 마찬가지이다. 다만, 음악 듣기는 누가 시켜서 또는 하지 않으면 안 되기 때문에 하는 것이 아니라, 그냥 자신이 하고 싶어서 한다는 것만이 다르다. 즉 어떤 구체적 목적이나 이익을 위해서가 아니라 그냥 음악이 좋아서 듣는 것이다. '지금 여기 있기'와 '그냥 좋아서, 재미있어서 하기'가 예술 감상에서 핵심이 되는 태도이다.

3. 미적 가상이란 무엇인가?: 현실과 예술

(1) 미적 가상der schöne Schein, der ästhetische Schein

이 책에서 실러는 가상이라는 말을 현실Realtät, reality에 대비되는 개념으로 사용하고 있다. 언뜻 보면 현실처럼 보이고 또 현실과 매우 비슷하기도 하지만, 실은 현실이 아닌 가짜 모습이라는 뜻이다. 또는 현실적 쓸모에 장식이나 꾸미개를 덧붙인 것을 가리킨다. 예를 들면 전투용 칼의 손잡이에 새겨진 장식 같은 것이다.

또는 처음부터 아예 장식용으로 만들어지는 칼도 있다. 이것은 칼 자체의 용도를 위한 것이 아니라 아름다운 장식품으로서의 기능을 하는데, 이렇게 만들어진 칼은 그야말로 '미적인 가상'의 한 예가 된다. 잘 만들어진 값비싼 일본도를 생각해보라. 이것은 예술품이 아니던가. 이것은 순수한 장식용임에도 불구하고 또한 칼로서도 뛰어난 기능을 지녀야 한다. 그렇지 않으면 잘 만들어진 칼이 아니기 때문이다.

일본도 이외에도 인간이 쓸모를 떠나 순수한 재미를 위해 또는 장식용으로 만든 미적인 가상의 산물이 곧 예술작품이다. 미적 가상이란 예술작품에 표현된 내용과 형식을 총괄하는 개념으로서 예술작품의 아름다움과 빛, 겉모습, 감각적 속임수 모두를 뜻한다.

아름다운이란 취향Geschmack, taste 판단의 영역에 속하는 것이다. 곧 좋고 싫음의 영역이다. 칸트에 따르면 취향의 판단은 이해관계를 떠난interesselos 것이며, 특정한 목적 없이zweckfrei 나오는 판단이다.

이 같은 취향 판단은 개인에 따라 달라질 수 있는 주관적인 것이지만, 그런데도 사회적인 특성을 지닌다. 즉 취향 판단일수록 다른 사람과 공유하고, 또 다른 사람도 그것을 좋다고 인정해주어야 비로소 가치가 있는 것이다. 그렇기 때문에 칸트는 '미적인 취향 판단'이란 매우 주관적인 동시에 보편적 타당성을 가지는 판단이라고 보았다. 앞에서 예를 든 일본도를 상기해보라. 아무도 알아주지 않는다면 그 힘들고 비싼 칼을 만들거나 소장할 이유가 무엇이겠는가!

(2) "삶은 진지하고, 예술은 명랑하다"

실러 미학의 핵심은 미적 가상을 현실에서 분리하는 것이다. 그는 미적 가상을 현실에서 해방시키고, 이로써 예술에 자율성을 부여한다. 동시에 현실의 참 또는 진리가 가상과 뒤섞이는 일을 엄격하게 방지하고자 한다. 미적 가상과 연관해서는 다음에 나오는 실러의 말을 분명히 기억해두어야 한다. "가상은 오직 **정직한** 한에서만(현실에 대한 모든 요구를 명백하게 포기해야만), 그리고 **독자적인** 한에서만(현실로부터의 도움이 전혀 없어도 괜찮아야만) 미적인 것"(스물여섯째 편지)이다.

실러는 예나대학교에서 역사학 강의를 한 역사가이기도 하다. 그리고 그의 희곡작품 상당수가 역사의 인물들을 다루고 있다. 실러 작품의 주인공인 돈 카를로스, 발렌슈타인, 잔 다르크, 빌헬름 텔 등이 모두 역사 인물들이다. 그는 작품을 쓰기 전 배경이 되는 역사를 철저히 연구한 사람인데, 놀랍게도 그의 역사 희곡에서 대부분의 인물들은 역사적 사실에서 상당히 자유롭다. 실러는 역사의 내용을 몰라서 인물을 변조한 것이 아니라 문학작품에서 다루어지는 내용은 현실과 무관한 미적 가상이라는 믿음에서 이렇듯 인물에게서 역사적 현실성 일부를 없애고, 작품 내부의 논리를 인물에 새로 부여했던 것이다. 그는 예술을 철저히 현실에서 분리하려는 노력을 했던 작가이다.

실러의 다음 명제도 바로 이런 맥락에서 이해해야 한다. "삶은 진지하고, 예술은 명랑하다Ernst ist das Leben, heiter ist die Kunst." 이것은 실러의 희곡 《발렌슈타인》 '프롤로그'에 나오는 말이다. 이 작품의 줄거리나 내용은 '명랑'한 것과는 거리가 한참 멀다. 그런데도 실러는 이런 말을 했다.

현실의 삶에서 우리는 주로 생존Existenz을 위한 활동을 한다. 목숨을 부지하기 위한 것이니 현실적인 목적과 의도들에 따른, 즉 매우 진지한 활동이다. 하지만 예술작품의 내용은 그것이 아무리 진지하고, 아무리 비극적인 것이라도 결국은 현실이 아닌 어디까지나 가상이기에 명랑하다는 것이다. 그러므로 여기서 진지하다는 것은 목적이나 이해관계에 따른 활동을, 명랑하다는 것은 그것과 무관한 활동을 가리키는 말이다.

이런 맥락에서 보면 앞에서 살펴본 슈베르트의 〈겨울 나그네〉도 '명랑'하다고 하는 것이 정확하다. 아무리 절절한 내용이 담겨 있어도 예술은 어디까지나 미적인 가상이고, 현실이 아닌 가상인 한 그것은 명랑한 것이기 때문이다.

예술은 미적인 가상이다. 즉 일상적 목적이 없는—명랑한—것이다. 하지만 실러는 그런 예술을 통해 현대 문명이 초래한 위기를 극복할 수 있다고 믿었다. 그것도 현실과 분명하게 거리를 둔 채 자율성을 지닌 예술을 통해서 말이다. 그의 믿음이 과연 실현될 수 있느냐 하는 것은 또 다른 질문이 될 것이다.

어쨌든 놀이 충동, 예술의 가상, 미적 상태 등의 개념에 주목하면서 실러의 편지들을 읽어보자.

| 일러두기 |

* ( ) 표시는 원문에 있는 것을 옮긴 것이고, [ ] 표시는 문맥의 이해를 돕기 위해 옮긴이가 덧붙인 것입니다.
* 원서에서 이탤릭체로 저자가 강조한 부분은 굵은 글씨체로 표시했습니다.
* 각주는 원주입니다만, 옮긴이가 붙인 주에는 '(옮긴이)' 표시를 했습니다.

제1장

도입과 주제

첫째 편지

편지를 시작하며

당신은 그러니까 **아름다움과 예술에 관한** 내 연구 결과를 연속적인 편지 형식으로 보내드리는 것을 용납해주신다는 말씀이지요. 그런 시도가 상당히 부담스럽기는 하지만 그것이 지닌 매력과 가치 또한 느끼고 있습니다. 나는 우리 행복에서 가장 중요한 부분과 직접 관계가 있고, 인간 본성의 도덕적 고귀함과도 결코 동떨어지지 않은 대상에 대해 말씀드릴 것입니다. 이제 나는 아름다움의 문제를 한 사람 앞으로 가져가려고 합니다. 아름다움의 전체적인 힘을 느끼고 행하는, 또한 원칙과 감정에 똑같이 의존할 필요가 있는 이 탐구 과정에서 내 작업의 가장 힘든 부분을 떠맡아주실 분 앞으로 말이지요.

당신은 내가 하나의 은총으로 간청하고 싶던 일을 너그럽게도 의무로 만들어주셨습니다. 그저 내 자신의 성향에 따르기만 하면 그것을 나의 공로처럼 인정해주려고 하시는군요. 말씀하신 작업 과정에서의 자유는 내게 꼭 필요한 것입니다. 학문적인〔철학적인〕 형식을 사용하는 일에 거의 훈련되어 있지 않은 탓에 나는 그 형식을 잘못 사용함으로써 좋은 취향을 해칠 위험에는 처해 있지 않습니다. 나의 생각들은 세상에서의 풍부한 체험이나 독서를 통해 얻은 것이 아니라 자신과의 단조로운 교류에서 만들어진 것으로서, 그런 본래의 기원을 부정할 수 없습니다. [따라서] 어떤 학파의 견해를 따르는 데서 오는 오류와는 거리가 멀고, 스스로의 약점에 의해 쓰러질망정 권위나 타인의 힘을 빌려 자신을 지탱하려고 하지는 않을 것입니다.

다음의 주장들이 대부분 칸트의 원칙들에 근거한다는 사실을 감추지는 않겠습니다만, 혹시 이 탐구의 진행 과정에서 어떤 특정한 철학 유파가 연상된다면 그것을 칸트의 원칙들이 아닌 나의 무능함 탓이라 여겨주십시오. 당신 정신의 자유가 손상되는 일이 있어서는 안 됩니다. 당신 자신의 감성이 내가 기반으로 삼을 자료들을 제시해주고, 또 당신의 독자적인 사고력이 논의를 진행할 때의 법칙들을 구술해주어야 하니까요.

칸트 체계의 실천적 부분에서 지배적인 이념들에 대해 철학자들만 의견이 둘로 나뉘어 있을 뿐, 그 밖의 사람들은 언제나 의견 일치를 보아왔습니다. 이를 감히 내가 증명할 것입니다. 그 이념들을 전문적인[전문 용어를 이용한] 형식에서 해방시켜보십시오. 그러면 그 이념들이 옛날부터 내려오는 일반이성의 요구들이라는 사실을 알게 될 것입니다. 또한 밝은 통찰력으로 인간이 성숙해질 때까지, 지혜로운 자연이 인간에게 후견인으로 붙여준 도덕적 본능•의 자료들임을 알게 될 것입니다.

전문적 형식은 오성[Verstand, 논리적 지성, 이해력]에는 진리를 드러내 보여주지만, 감정에는 진리를 감추는 역할을 하고 있으니까요. 유감스럽게도 오성이 내적인 의미 대상을 습득하려면 먼저 그것을 파괴해야 하기 때문입니다. 분석화학자처럼 철학자는 〔오성을 이용해〕 오직 해체함으로써만 결합방식을 찾아내고, 예술에 고문을 가해서만 자발적인 본성을 지닌 작업을 드러내 보여줍니다. 순간적인 현상을 포착하기 위해 철학자는 그 현상을 법칙의 사슬에 묶고, 그 아름다운 몸을 난도질해 개념들로 만들어 보잘것없는 언어의 골격 안에 그 살아 있는 정신을 보존할 수밖에 없기 때문입니다. 〔그러므로〕 자연적인 감정이 그런 모상模像에서 제 본모습을 찾아내지 못하고, 분석가의 보고서에서 진리가 패러독스로 보인다고 해도 놀랄 게 뭐가 있겠습니까?

그러므로 다음의 탐구들 또한 그 대상을 오성에 접근시키려 함으로써 감각의 영역에서 벗어나는 경우가 있더라도 어느 정도 너그럽게 보아주십시오. 도덕적인 체험에서 타당한 것이 아름다움의 현상에서는 더욱더 타당해야 합니다. 아름다움의 모든 마력은 아름다움의 비밀에 근거하고 있으며, 그 요소들의 필연적인 결합이 사라지면 그 본질 또한 사라지고 맙니다.

● 도덕적 본능moralischer Instinkt. 인간이 성숙하게 되면 본능을 따르지 않고 스스로 도덕적인 판단을 내리게 된다. 그 전까지는 자연이 인간에게 붙여준 도덕적인 본능을 따른다는 것. 예를 들면 양심의 소리 등(옮긴이).

둘째 편지

아름다움을 주제로 선택함. 인간은 아름다움을 통해 자유에 도달하기에

하지만 당신이 내게 베풀어주신 자유를 이용해 당신이 아름다운 예술의 영역에 관심을 갖게 하는 것보다 더 나은 길이 있을까요? 미美의 세계를 위한 법전을 훑어보는 것이 적어도 시대에 뒤떨어진 일은 아니겠지요? 도덕세계의 사건들이 더욱 절박한 관심거리를 제공하고, 철학적인 탐구정신은 이 시대의 상황을 통해 모든 예술작품 가운데 가장 완전한 것, 즉 참된 정치적 자유의 건설에 몰두하라는 요청을 분명하게 받고 있는 때이니 말입니다.

나는 다른 세기에 살고 싶지 않으며, 다른 세기를 위해 일했으면 하고 바라지도 않습니다. 인간은 한 국가의 시민이듯이 한 시대의 시민이기도 합니다. 또한 자신이 속한 집단의 도덕과 관습에서 벗어나고자 하는 일이 어리석은데다 허용되지도 않는 것이라면, 자신의 활동을 선택하면서 자기 시대의 필요와 취향에 하나의 목소리를 내는 일이 어찌 의무가 아니겠습니까?

그러나 시대의 목소리는 결코 예술에 이로워 보이지 않습니다. 적어도 나의 탐구가 앞으로 지향하게 될 예술에는 이롭지 않습니다. 〔현재〕 사건들이 진행되면서 점점 더 이상理想의 예술에서 멀어질 위험성을 지닌 방향이 시대의 정신에 주어졌습니다. 이상의 예술은 현실을 떠나 대담하게 〔현실의〕 욕망과 필요성을 넘어서야 합니다. 왜냐하면 예술은 자유의 딸이기 때문이며, 정신에 속한 필연성의 지시를 받아들일 뿐 곤궁한 물질의 지시를 받으려 하지 않기 때문입니다.

그러나 지금은 욕망이 세상을 지배하고 있으며, 타락한 인성人性은 욕망이라는 폭군의 질곡 아래 굴복하고 있습니다. **쓸모와 유용성**이 시대의 거대한 우상이 되어 모든 힘이 그 우상을 위해 부역하고, 모든 재능이 그를 숭배하는 판이지요. 예술의 정신적 공로를 〔유용성이라는〕 이 거친 저울에 달아보면 무게가 전혀 나가지 않으므로, 예술은 지금 아무런 격려도 받지 못한 채 이 세기의 소란스러운 시장판에서 사라져가는 중입니다. 철학적인 탐구 정신까지도 상상력의 영역을 하나하나 잠식해 학문이 영역을 넓힐수록 예술의 경계는 점점 좁아지고 있습니다.

철학자와 세상 사람 모두가 기대에 가득 차서 인류의 미래 운명이 다루어지는 정치 무대〔당시 프랑스 혁명이 진행 중이던 파리〕에서 눈길을 떼지 못하고 있습니다. 이런 일반적인 대화에 동참하지 않는 것은 사회 복지에 대해 비난받아 마땅한 무관심을 보이는 일이 아니겠습니까? 이 위대한 소송사건이 그 내용과 결과 때문에 인간이라 자처하는 모든 존재의 절박한 관심거리가 되고 있는 만큼이나 그 협상방식이 독자적인 사유를 하는 사람의 특별한 관심을 끌고 있습니다.

지금까지는 오직 강자의 권리를 통해서만 해답이 주어지던 문제가 이제는 순수이성의 법정에 세워진 것으로 보입니다. 스스로 사태의 중심으로 들어가 자기 개인을 종種의 대표로 승격시킬 수 있는 사람만이 저 이성 재판의 배심원이라 자처할 수 있고, 또 그런 사람만이 인간인 동시에 세계시민으로서 이 사건의 성과에 자신도 어느 정도 연관되어 있다고 자신할 수 있지요. 그러므로 이 위대한 소송에서는 결정되는 내용만 중요한 것이 아닙니다. 그것은 또한 이성적 존재인 인간이 직접 명령할 능력과 권한을 가진 법칙에 맞게 내려져야 합니다.

예리한 사상가인 동시에 자유로운 세계시민인 당신과 함께 그런 대상을 탐구하고, 아름다운 열성으로 인류의 복지에 헌신하는 분에게 그 결정권을 맡긴다면 내게는 얼마나 매력적인 일이 될까요! 서로 처한 위치가 다르고, 현실 세계의 상황이 만들어낸 거리가〔사회적 지위가〕그토록 멀리 떨어진 것인데도, 이념의 영역에서는 선입견 없는 당신의 정신이 〔나와〕 같은 결론에 도달하는 것을 보는 일은 얼마나 신선한 놀라움이 될까요! 내가 이 매력적인 유혹에 저항하면서까지 자유가 아닌 아름다움을 주제로 선택하는 것을 한편으로는 나의 성향 때문이라 사죄드리거니와, 이는 원칙들을 통해서도 정당화될 수 있으리라 생각합니다.

아름다움이라는 주제는 우리 시대의 취향과는 거리가 멀지만, 시대의 요구와는 그리 멀지 않은 것이라고 당신을 설득할 수 있으리라 기대해 봅니다. 경험에 나타난 정치적인 문제를 해결하기 위해서는 미적인 길을 선택해야 한다는 사실을 말이지요. 인간은 아름다움을 통해 자유에 도달하기 때문입니다. 그러나 정치적 입법 과정에서 이성이 주도권을 갖게 만드는 원칙들을 당신께 상기시키지 않고서는 이것을 증명할 수가 없습니다.

제2장

경험적 관찰

[아름다움의 작용에 대한]

셋째 편지

물리적 품성과 도덕적 품성, 그리고 제3의 품성

자연은 애초에 인간이 자연의 다른 작품들보다 더 높은 곳에서 시작하게 하지는 않았지요. 즉 인간이 스스로 자유로운 지적知的 존재로 행동할 수 없는 동안에는 자연이 인간을 위해 행동합니다. 그러나 인간이 맹목의 자연이 만들어준 그 상태에 머물지 않고 자연이 인간을 위해 취한 조치들을 이성을 통해 다시 되돌리는 능력, 어쩔 수 없이 이루어진 일을 자신의 자유로운 선택으로 바꾸고 물리적 필연성을 도덕적 필연성으로 이끌어 올리는 능력을 가지고 있다는 사실이야말로 인간을 〔진정한 의미의〕 인간으로 만드는 것입니다.

인간이 감각의 졸음 상태에서 깨어나 정신을 차리고 스스로 인간임을 깨달으면서 주변을 둘러보면 자신이 국가 안에 있음을 알게 되지요. 인간이 자유의사로 이 같은 상태를 선택하기도 전에 이미 필요성이라는 강제가 그를 국가 안에 던져 넣은 것입니다. 인간이 이성법에 따라 선택하기도 전에 필요성이 자연법칙에 따라 국가를 만든 것이지요. 그러나 도덕적 존재로서의 인간은 오직 자연의 규정에 따라 생겨나 자연의 규정에만 맞추어진 이 '필요에 의한 국가Notstaat'에 대해 옛날이나 지금이나 만족하지 못합니다. 만일 그것으로 만족한다면 인간으로서는 통탄할 일이지요! 그러므로 인간은 스스로 인간이라는 권리를 사용해 맹목적인 필요성의 지배에서 벗어납니다. 그렇듯 다른 많은 일에서도 자신의 자유를 통해 맹목적인 필요성의 지배에서 벗어나지요. 예를 **하나** 들면 인간은 이성異性을 향한 사랑의 욕망에 나타나는 비천한 특성을 도덕성을 통해 지워버리고, 아름다움을 통해 고귀한 것으로 승화시킵니다.

그렇게 성년에 이르러 인위적 방식으로 자신의 어린 시절을 보완합니다. 경험상으로는 주어지지 않았으나 이성의 규정으로 보면 필수적인 **자연상태**Naturstand를 관념적으로 만들어냅니다. 이 관념적인 〔자연〕 상태에서 현실의 자연상태에서는 알 수 없는 궁극의 목적과 그 당시에는 그만한 능력이 없었던 자유로운 선택의 능력을 자신에게 부여합니다. 그리고 마치 처음부터 새로 시작하는 것처럼, 그래서 명철한 통찰력과 자유의사를 가지고 독립 상태를 사회적인 계약 상태로 바꾼 것처럼 행동합니다.

저 맹목적인 자의〔恣意, 필요〕가 아무리 교묘하고 확고하게 그 작품〔필요에 의한 국가〕의 기반을 다졌다고 해도, 아무리 뻔뻔스럽게 그것을 주장하고 존엄성으로 포장하더라도 인간은 이러한 조작을 통해 그것을 완전히 없던 일로 여깁니다. 왜냐하면 맹목적인 힘들의 작품은 자유가 그 앞에 스스로를 굽힐 그 어떤 권위도 갖지 않으며, 모든 것은 인간의 개성Persönlichkeit 안에 있는 이성이 제시하는 최고의 궁극 목적에 합당해야 하기 때문입니다. 이런 방식으로 성숙해진 민족이 자신의 자연국가를 도덕적인 국가로 바꾸려는 시도가 생겨나고 또한 정당화되는 것이지요.

이 자연국가는(그 제도가 근본적으로 법칙에서가 아니라 힘에서 유래한 모든 정치체제를 이렇게 부를 수 있는데) 도덕적 존재로서의 인간과 모순됩니다. 도덕적 인간에게는 순수한 법칙성만이 법칙이 되어야 하기 때문이지요. 그러나 자연국가는 물리적 존재로서의 인간에게는 충분한데, 물리적 인간은 여러 힘을 받아들이기 위해서만 자신에게 법칙을 부여하기 때문입니다. 다만, 물리적 인간은 **현실적으로** 존재하는 반면 도덕적 인간은 아직 **의문의** 존재입니다. 그러므로 이성이 자연국가 대신 자신의 국가를 세우려 할 경우 필연적으로 하지 않으면 안 되는 일인, 즉 자연국가를 해체시키면 이성은 아직 의문의 여지가 있는 도덕적 인간을 위해 현실적으로 존재하는 물리적 인간을 위태롭게 하는 일이 됩니다. 또한 순전히 가설적인(비록 도덕적으로는 필연적인 것이라 해도) 사회의 이상을 위해 현실적인 사회의 존립 자체를 위태롭게 할 것입니다.

이성은 인간에게서 그가 실제로 소유하고 있는 것, 그것 이외에는 다른 아무것도 가진 것이 없는 것을 빼앗고 그 대신 그가 소유할 수 있고, 소유하는 것이 마땅한 어떤 것을 제시하는 셈이 됩니다. 만일 이성이 인간을 지나치게 신뢰했다면 이성은 그에게 결핍되어 있지만 그런 결핍이 그의 생존에는 아무런 해도 입히지 않는 인성人性을 위해서, 현재 그의 인간됨의 조건인 동물적 존재의 수단을 그에게서 빼앗아버렸겠지요. 인간이 스스로의 의지로 법칙에 확고히 결합할 시간을 갖기도 전에 이성이 그의 발 아래에서 자연의 사다리를 치워버렸겠지요.

그러므로 우리가 매우 중요하게 고려해야 할 점은 **이념에서** 도덕적 사회가 형성되는 동안 **시간 속에서** 물리적 사회가 단 한순간도 해체되어서는 안 된다는 것, 인간의 도덕적 품위를 위해 그의 생존 자체를 위험에 빠뜨려서는 안 된다는 것입니다. 기술자가 시계를 고칠 때 톱니바퀴를 멈춥니다. 그러나 국가라는 살아 있는 시계는 계속 움직이는 동안 고쳐야 하고, 돌아가는 톱니바퀴를 작동 중에 갈아 끼워야 합니다. 그러므로 사회가 계속 지속하기 위해서는 지금 우리가 중지시키려 하는 자연국가로부터 사회를 독립시켜줄 하나의 받침대를 찾아내야만 합니다.

이러한 받침대는 이기적이고 난폭해서 사회의 보존보다는 오히려 그 파괴를 지향하는 인간의 자연적 품성에서는 찾을 수 없습니다. 또한 인간의 도덕적 품성에서도 찾기 어렵습니다. 도덕적 품성이라는 것이 우선 그 전제조건에 맞게 만들어져야 하니까요. 이는 자유롭고 **결코 밖으로 드러나지 않기 때문에** 입법자의 영향을 받는 일이 없으며, 결코 확실한 것이라 여길 수도 없기 때문입니다.

그러므로 제3의 품성을 만들기 위해서는 물리적 품성에서는 그 힘을, 도덕적 품성에서는 그 자유를 빼내는 일이 중요하며, 물리적 품성이 법칙과 일치하게 만들고 도덕적 품성이 인상印象들에 따르도록 하는 것과 전자가 물질에 어느 정도 거리를 두고, 후자가 물질에 좀더 가까워지도록 하는 일이 중요합니다. 이 제3의 품성이란 앞의 두 가지 품성과 관계가 있는 것으로, 단순한 힘의 지배에서 법칙의 지배로 넘어가는 과도기를 마련하고, 또한 도덕적 품성의 발전을 방해하는 일 없이 눈에 보이지 않는 도덕성을 위한 감각적 담보 노릇을 합니다.

넷째 편지

품성의 총체성

이것만은 분명합니다. 즉 한 국민에게서 이 제3의 품성이 우세해야만 도덕적 원칙들에 따른 국가 변화를 해롭지 않게 진행할 수 있다는 것, 또 그런 품성만이 그런 국가의 지속을 보장할 수 있다는 것입니다. 도덕국가를 세우려면 도덕법칙이 작용력이 되고, 모든 것이 엄격한 필연성 및 지속성과 연관되어 있는 원인들의 영역 속으로 자유로운 의지가 들어와야 합니다. 그러나 인간 의지의 규정들이란 항상 우연한 것이고, 오직 절대적 존재에게서만 물리적 필연성과 도덕적 필연성이 일치한다는 것을 우리는 알고 있지요. 그러므로 인간에게서 도덕적 행동이 **자연스러운** 결과처럼 나타나기를 고대한다면 도덕적 행동 자체가 자연이어야 하며, 인간은 자신의 충동을 통해서도 언제나 오직 도덕적 품성에서만 나올 수 있는 행동을 해야 합니다.

그러나 인간의 의지는 의무와 성향 사이에서 완전히 자유로운 것으로서, 그의 개성의 이런 장엄한 권리 안으로는 어떤 물리적 강제도 들어올 수 없고 들어와서도 안 됩니다. 그러므로 인간이 이런 선택의 권한을 그대로 보유한 채 인과율의 사슬에서도 믿을 만한 고리가 되려면 오직 저 두 가지 힘, 즉 의무의 작용과 성향의 작용이 현상세계에서 완전히 동일한 결과를 가져와야 만, 그리고 형식이 아무리 달라져도 그의 의지의 내용이 항상 동일할 경우에만 성취할 수 있는 일입니다. 다시 말하면 그의 충동들이 보편적 입법에 쓰일 수 있을 만큼 그의 이성과 충분한 조화를 이루어야 한다는 말이지요.

소질과 본래의 규정에 따르면 모든 개인은 자기 자신 안에 순수한 이상적 인간을 지니고 있다고 말할 수 있는데, 그 자신의 온갖 변화에도 불구하고 이런 이상적 인간과 불변의 통합을 이루는 것이야말로 그의 삶의 위대한 과업입니다.● 각 개인이 각자의 주체主體를 통해 어느 정도 분명하게 드러내 보이는 이런 순수한 인간은 **국가**를 통해 대표됩니다. 국가란 개별적 주체들이 지닌 여러 가지 다양성이 그 안에 서로 통합되려고 노력하는 객관적이고도 기준이 되는 형식이니까요. 시간 속의[변화하는] 인간과 이념 속의 인간이 일치하는 방식을 두 가지로 생각할 수 있으며, 아울러 국가가 각 개인에게서 자신을 주장하는 방식도 두 가지입니다. 순수한 인간이 경험적 인간을 억압하면서 국가가 개인을 말소하는 방식과 개인이 국가가 **되면서** 시간 속의 인간이 이념의 인간으로 스스로를 **고귀하게 만드는** 방식이지요.

● 여기서 나의 벗 피히테가 최근 간행한《학자의 사명에 대한 강의Vorlesung über die Bestimmung des Gelehrten》를 언급하고자 한다. 이 저술에서는 이 명제에 대해 매우 명료하고 또 아직 시도된 적이 없는 방식의 추론이 이루어지고 있다.

일방적인 도덕적 관점에서 이런 구분은 사라집니다. 이성은 자신의 법칙이 무조건적으로 유효하기만 하면 만족하기 때문이지요. 그러나 형식과 함께 내용도 중요하고, 살아 있는 감성도 발언권을 갖는 완전하고도 인류학적인 관점에서 이런 구분은 오히려 더욱 주목해야 합니다. 이성은 통일을 요구하나 자연은 다양성을 요구하며, 인간은 이런 두 종류의 입법부의 요구를 받고 있습니다. 이성의 법칙에서는 매수되지 않는 의식意識을, 자연의 법칙에서는 없애버릴 수 없는 감정을 특징으로 꼽을 수 있습니다.

따라서 자연적 품성의 희생을 통해서만 도덕적 품성이 나타난다면 그것은 언제나 결함이 있는 교육을 증언하는 것입니다. 그리고 하나의 국가 헌법이 오직 다양성의 말소를 통해서만 통일성을 성취할 수 있다면 매우 불완전한 것이지요. 국가는 객관적·종적種的인 품성뿐 아니라 각 개인의 주관적이고 특수한 품성도 존중해야 하며, 눈에 보이지 않는 도덕의 영역을 확장한다는 이유로 〔발현된〕 현상의 영역이 줄어들게 해서는 안 되기 때문입니다.

기술자는 형태를 이루지 않은 덩어리〔재료〕를 자기 목적에 맞는 형태로 만들기 위해서 조금의 망설임도 없이 그 재료에 힘을 가하게 됩니다. 그가 다루는 재료는 그 자체로는 아무 존중도 받지 못하고, 전체는 부분을 고려할 필요가 없고, 부분들은 오로지 전체를 위해서만 중요한 것이니까요. 아름다움을 다루는 예술가가 같은 재료에 손을 댄다면 그도 주저 없이 재료에 힘을 가하겠지만 그런 힘을 겉으로 드러내 보이는 일만은 피합니다. 예술가 또한 기술자와 마찬가지로 자신이 다루는 재료를 전혀 존중하지 않습니다. 다만, 재료를 고려하는 척함으로써 재료의 자유를 보호하려는 우리의 눈을 속이려고 듭니다.

인간을 재료이자 과제〔목표〕로 삼는 교육자와 정치가에게는 사정이 전혀 다릅니다. 여기서는 목적이 재료에 속하고, 오직 전체가 부분에 봉사하기 때문에 부분도 전체를 따릅니다. 아름다움을 다루는 예술가가 자기 재료에 대해 갖는 존경심과는 전혀 다른 존경심을 지니고, 국가 예술가는 자신의 대상에 접근해야 하며, 감각을 기만하는 효과를 위해 주관적이 아닌 내적인 본질을 위해 객관적으로 대상의 특성과 개성을 보호하지 않으면 안 됩니다.

하지만 국가는 스스로를 통해, 그리고 스스로를 위해 만들어지는 조직이어야 한다는 바로 그 이유 때문에 부분들이 전체의 이념이 되는 만큼만 현실적인 것이 될 수 있습니다. 국가는 그 시민들 각자의 가슴에 있는 순수하고 객관적인 인성을 대표하므로 시민들이 각자 자신에 대해 갖는 관계를 관찰하고, 또 그들의 주관적 인성이 고귀해져서 객관적 인성이 되는 **만큼**만 주관적 인성을 존중할 수 있습니다. 내적 인간이 자기 자신과 하나가 되면 그는 자기 행동이 가장 보편적이 된 상태에서도 여전히 자신의 고유성을 보존할 수 있을 것이고, 또 국가는 그의 아름다운 본능의 해석자이자 〔옳고 그름에 대한〕 그 자신의 내적 분별력의 더욱 명료한 공식이 될 것입니다. 이에 반해 한 국민의 품성에서 주관적 인성이 객관적 인성에 맞서 아직도 모순과 대립을 보이고 있기에 전자를 억눌러야 후자에게 승리를 마련해줄 수 있는 상황이라면, 국가도 그 시민들을 향해 법칙을 엄하게 적용하고 매우 적대적인 개인주의에 희생되지 않기 위해 이 같은 개인주의를 가차 없이 짓밟을 수밖에 없게 될 것입니다.

인간은 이중의 방식으로 자신에게 대립적일 수 있습니다. 감정이 원칙들보다 우세한 '거친 인간Wilder'으로서, 또는 원칙들이 감정을 파괴하는 '무기력한 인간Barbar'으로서 말입니다. 거친 인간은 예술을 경멸하며 자연을 자신의 무제한의 지배자로 인정하고, 무기력한 인간은 자연을 비웃고 경멸하면서도 거친 인간보다 더욱 비열하게 앞서 나가 자기 노예의 노예가 됩니다. 교육받은 인간〔교양인〕이란 자연을 벗 삼고, 자연의 방자함을 억제하면서도 그 자유를 존중하는 사람입니다.

그러므로 이성은 물리적 사회 안으로 도덕적 통일성을 가져올 때 자연의 다양성을 손상시켜서는 안 됩니다. 또한 자연이 사회의 도덕적 구조 안에서 자신의 다양성을 주장하고자 할 때 그로 인해 도덕적 통일성이 침해를 받아서도 안 됩니다. 획일성과 혼란에서 똑같이 멀리 떨어진 곳에 형식의 승리가 있는 법이지요. 그러므로 강제〔필요〕에 의한 국가를 자유의 국가로 바꿀 능력과 품격을 갖추려는 국민에게 반드시 나타나야 할 특성은 바로 품성의 **총체성**Totalität입니다〔도덕성과 감성, 통일성과 다양성을 동시에 갖춘〕.

다섯째 편지

시대 비판

현시대가 그리고 현재의 사건들이 우리에게 보여주는 것이 바로 이러한〔총체적〕 품성일까요? 이 광범위하게 펼쳐진 그림에서 가장 먼저 눈에 띄는 대상에 주목하고자 합니다.

〔기존의〕 견해가 가진 권위는 무너지고 자의〔원칙에 따르지 않고 제멋대로 행동하는 것〕는 폭로되고, 비록 권력으로 무장한 자의라 하더라도 더는 거짓된 방식으로 품위를 유지할 수 없게 된 것이 사실입니다. 인간은 이제 그 오랜 무지와 자기기만에서 깨어나 분명한 다수 의견으로 자신의 양도할 수 없는 권리의 회복을 요구하고 있기 때문이지요. 더욱이 인간은 이런 권리들을 단순히 요구하는 것에 그치지 않고 〔대서양〕 저편과 이편에서 들고 일어나 자신의 의견으로 보면 부당하게 자신에게 거부된 것을 힘으로 얻으려 하고 있습니다〔미국 독립전쟁과 프랑스 혁명〕.

자연국가라는 건물이 흔들리고, 그 무른 기초는 약해지고 있습니다. 법을 옥좌에 앉히고, 인간 자체를 궁극적 목적으로 존중하고, 참된 자유를 정치적 결합의 근본으로 삼게 해줄 **물리적** 가능성이 주어진 것처럼 보입니다. 헛된 희망이지요! **도덕적** 가능성은 아직도 결핍되어 있으며, 많은 기회를 제공해주는 지금 이 순간에도 도덕적 가능성을 받아들일 준비가 되어 있지 못한 종족만 보이니 말입니다.

인간은 행의로 자신을 드러내는 법인데, 지금 현시대라는 연극에서는 대체 어떤 모습을 보이고 있는 것인지요? 한편으로는 야만 상태로의 회귀, 다른 한편으로는 완전한 무기력입니다. 다시 말해서 인간 타락의 두 가지 극단적 현상을 모두 보이는데, 그것도 **한 시대** 안에서 그 두 가지가 한꺼번에 나타나고 있습니다!

수적으로 많은 낮은 계층에서는 거칠고 무법적인 충동들이 나타나고 있습니다. 이런 충동들은 시민적 질서의 유대를 해체하고, 제어할 수 없는 분노로 동물적인 만족을 향해 돌진합니다. 그러므로 객관적 인성이 정말로 국가에 대해 불평할 이유가 있었던 것인지도 모르지요. 주관적 인성이 국가제도를 존중해야 한다고 말입니다.

그러나 인간이 자신의 생존을 지켜야 하는 판에 인간 본성의 품위를 안중에 두지 않았다고 국가를 비난할 수 있을까요? 형성하는 힘에 대해서는 아직 생각조차 할 수 없는 상황에서 국가가 서둘러 중력을 이용해 나누고, 응집력으로 결합시켰다고 비난할 수 있습니까? 국가[에 의한 개인]의 말소는 정당성을 갖습니다. 결속이 느슨해진 사회는 유기적 생명의 영역으로 올라가는 대신 기초적 원소의 영역으로 다시 떨어지고 말 테니까요.

다른 한편으로 문명화된 계층은 품성의 유약함과 타락이라는 더욱 역겨운 모습을 보이고 있습니다. 문명 자체가 그런 타락의 원천이기에 이것은 더욱 거부감을 갖게 하지요. 고귀한 것일수록 망가지면 더욱 역겹다고 옛날 혹은 오늘날의 어떤 철학자가 말했는지는〔플라톤의 《국가》와 모제스 멘델스존의 《계몽주의에 대하여》〕 기억나지 않지만, 도덕적인 영역에서도 그 말이 진실임을 알 수 있습니다. 자연의 아들이 궤도를 벗어나면 광포한 자가 되지만, 문명의 총아는 무가치한 자가 되고 맙니다. 오성의 계몽이란 세련된 계층이 찬양하는 것으로, 그건 타당성이 있는 일이지만 지금은 그런 계몽이 전체적으로 감정과 품성을 고귀하게 만드는 영향을 거의 미치지 못하고 오히려 원칙들의 타락을 뒷받침하고 있는 형편입니다.

우리는 자연을 그 본래의 영역에서 거부하고 도덕의 영역에서 자연의 강제력을 체험하고 있습니다. 또한 자연이 우리의 감각에 미치는 인상은 거부하면서 자연에서 원칙들을 얻고 있습니다. 우리 도덕의 꾸며낸 단정함이 자연에게 그 **최초의** 목소리를 거절하고는—그건 오히려 용서할 수 있는 일이지만—유물적 윤리관에 빠져 결정적인 **최종적** 판단을 자연에 맡기고 있습니다. 극단적으로 세련된 사교생활•의 바로 한복판에 이기주의가 그 체제를 구축했고, 진짜 사교적인 심정을 배우지도 못한 채 우리는 사회의 온갖 전염병과 온갖 고통을 체험하고 있습니다.

• Geselligkeit. 교제 또는 사교, 사교계. 가족이나 직장 모임 이외의 취미 활동이나 예술 감상, 토론 등을 위한 여성과 남성이 뒤섞인 모임으로, 예의 바르고 세련된 말솜씨와 매너를 전제로 한다. 프랑스의 살롱이 대표적인 예이다. 이런 모임을 통해 남녀 사이에 애정뿐만 아니라 우정도 가능하게 되었다. 르네상스 이후 유럽 〔상류〕 사회에서 문화의 한 요소로 자리잡았다(옮긴이).

우리의 자유로운 판단은 사회의 전체적인 의사에 굴복하고, 우리의 감정은 사회의 기벽스런 관습에, 그리고 우리의 의지는 사회의 유혹에 굴복하게 놓아두더니 결국 사회의 거룩한 권리들에 맞서서만 우리의 자의를 내세웁니다. 사교적인 인간은 오만한 자기만족으로 인해 심장이 위축되고 말았지요. 거친 자연인의 심장은 아직도 자주 교감으로 고동치는데 말입니다. 그러므로 불타는 도시에서 그러듯 누구나 자신의 보잘것없는 재산을 챙겨 드망치려고 아우성입니다.

섬세한 감정을 완전히 포기해야만 그런 방황에 맞서 자신의 안전을 지킬 수 있다고 사람들은 생각하지요. [사회의] 비웃음은 자주 몽상가를 치유해주기는 합니다만, 오늘날에는 그런 비웃음이 가장 고귀한 감정까지도 가차 없이 모독해버립니다. 문화는 우리를 자유롭게 하기는커녕 문화가 우리 안에 만든 모든 힘을 다해 오로지 새로운 요구만을 만들어낼 뿐이지요. 물리적인 것의 속박이 점점 강하게 죄어들고 있으니, 그나마 가진 것을 잃을까 두려운 나머지 발전을 향한 불타는 충동마저 질식시키고는 수동적인 복종의 원칙을 삶의 최고 지혜로 삼게 된 것입니다.

이와 같이 시대정신은 도착倒錯과 거칠음 사이에서, 반자연과 맹목적 자연 사이에서, 미신과 도덕적 무신념 사이에서 흔들리고 있으며, 오로지 악의 균형만이 시대정신을 한계 안에 머물게 하고 있습니다.

여섯째 편지

문화 발전의 도구가 된 개인: 분업과 소외

앞의 편지에서 나는 우리 시대를 지나치게 가혹하게 묘사한 걸까요? 그러나 그런 묘사를 통해 내가 너무 많은 것을 입증했다는 말이라면 모를까, 가혹하다는 비난을 기대하지는 않습니다. 당신은 아마 이렇게 말씀하시겠지요. 그런 〔시대〕 초상화는 현존하는 인류를 맞게 그려낸 것이기는 하지만, 그 묘사는 또한 문화의 단계에 있는 그 어떤 종족에게도 타당한 것이라고 말입니다. 모든 종족은 너나할것없이 이성을 통해 자연으로 돌아가기 전 먼저 이성 비슷한 것을 통해 자연에서 떨어져 나와야 하니까요.

그러나 시대의 품성을 조금만 면밀히 관찰해보면 현재의 인성 형식과 예전 특히 고대 그리스 사람들의 인성 형식 사이에 존재하는 대조가 우리를 깜짝 놀라게 합니다. 우리가 다른 모든 **맹목의** 자연과 비교해 당연히 자랑스럽게 여기는 문화와 세련의 명성도 그리스인의 자연스러운 본성에 비교하면 우리에게 유리할 것이 없습니다. 그리스인의 본성은 우리처럼 그 희생자가 되지 않은 채 예술의 온갖 매력, 지혜의 온갖 기품과 결합되어 있기 때문입니다.

그리스인들은 우리 시대에는 낯설어진 단순성으로만 우리를 부끄럽게 하는 것이 아닙니다. 그들은 우리의 경쟁자이며, 자주 모범이 되고 있습니다. 우리 관습의 반자연성에 대해 우리가 〔이것이 있으니 되었다고〕 스스로를 위로하곤 하는 그 장점의 측면에서도 그들은 우리의 모범이 됩니다. 그리스인들이 형식과 내용의 풍부함으로, 철학적인 동시에 창조적으로, 섬세하면서도 힘차게 장엄한 인성 안에 이성理性의 남성다움과 젊은 상상력을 결합시킨 것을 우리는 볼 수 있습니다.●

정신의 힘이 처음으로 아름답게 눈뜨던 그 시절, 감각과 정신은 아직 엄격하게 분리된 영역을 갖지는 않았습니다. 아직 그 둘 사이에 불화가 끼어들지 않았고, 그 둘이 상호 적대적으로 갈라져 각기 자신의 영역을 확정하도록 자극하지 않던 때였으니까요. 시문학은 아직 위트로 장난치지 않고, 사변〔철학〕은 아직 궤변에 자신을 팔아넘기지 않았지요. 시문학과 사변은 제각기 독특한 방식으로 진실을 존중했기에 필요할 경우 서로의 역할을 바꿀 수가 있었습니다.

이성은 아무리 높이 올라가도 언제나 다정하게 물질을 함께 끌어가고, 아무리 냉철하게 분리하는 경우라도 완전히 절단내는 일은 결코 없었지요. 이성은 인간의 천성을 몇 가지 영역으로 나누고, 그 각각을 확대해

● 실러는 고대 그리스인들을 지나치게 이상화하는 버릇이 있었다. 고대에 대한 이상화는 실러뿐만 아니라 옛날 우리 동양에도 있었다(옮긴이).

장엄한 신들의 모습에 투사했지만〔그리스 신들〕, 인성을 조각조각 잘라서 투사하지 않고 각기 다른 방식으로 배분해 그렇게 했던 것입니다. 그 어떤 신의 모습에서도 전체 인성이 결여된 경우는 없으니까요.

우리 현대인은 얼마나 다른지요! 우리에게서도 종種의 모습이 각 개인들 안에 갈라져 확대되어 투사되기는 하지만, 그러나 상이한 방식의 배분이 아닌 절단된 조각들이므로 종의 총체성을 알아내기 위해서는 일일이 한 사람 한 사람에게 직접 물어보지 않을 수 없게 되었습니다. 우리에게는 〔인간의〕 여러 소질이 심리학자가 단지 이론상으로 분류하는 그대로 실제로도 분리되어 있기에, 개인뿐 아니라 인류의 전체 계층들도 저마다 자신의 소질의 한 부분만을 발전시키고 나머지 소질은 퇴화되어 희미한 흔적만이 남은 모습을 목격하게 된다고 주장하고 싶어질 정도입니다.

오늘날 인간 종족 전체를 보면, 그것도 오성의 저울에 달아보면 고대 세계에서 가장 훌륭한 종족 앞에서도 자랑스럽게 내놓을 만한 훌륭한 장점들을 갖추고 있음을 모르지 않습니다. 그러나 경쟁은 정해진 규칙대로 이루어져야 하고, 전체는 전체와 비교해야 마땅합니다. 현대의 그 어떤 개인이 인간 대 인간으로 아테네의 개인에 맞서 인성이라는 상賞을 두고 경쟁할 수 있을까요?

종족 전체가 얻은 온갖 이점에도 불구하고 어째서 각 개인은 이런 불리함을 얻게 된 것일까요? 어째서 그리스인 각자는 자기 시대를 대표할 수 있었던 반면, 현대인은 감히 그럴 수 없는 것일까요? 그리스인은 모든 것을 통합하는 자연에서, 현대인은 모든 것을 가르는 오성에서 각자의 형식을 받아들였기 때문입니다.

현대의 인성에 상처를 입힌 것은 다름 아닌 문화 자체입니다. 한편으로는 더욱 확대된 경험과 더욱 엄밀해진 사고방식으로 인해 각 학문들 사이를 한층 더 날카롭게 분리하지 않을 수 없게 되고, 다른 한편으로는 훨씬 복잡해진 국가라는 시계[정밀한 기계장치처럼 조직된 국가라는 의미]가 계층들과 업무를 한층 더 엄격하게 구분하지 않을 수 없게 되었습니다. 그러자 그와 더불어 인간 본성의 내면의 결속이 찢어지고, 파괴적인 싸움이 그 조화로운 힘들을 서로 불화하게 만들었지요.

직관적 오성[바라봄, 관조]과 사변적 오성[추상 능력]이 서로 적이 되어 각자의 영역으로 들어가 불신과 시기심을 지닌 채 자기 영역의 경계선을 지키기 시작했습니다. 우리는 우리의 활동을 특수한 영역에 국한시켜 자기 안에 하나의 지배적 영역을 만들어냈는데, 이 지배적 영역이 나머지 다른 소질들을 짓눌러 아예 뭉개버리는 일도 드물지 않게 일어나게 된 것이지요. 한편에서는 화려하게 펼쳐진 상상력이 어렵게 얻은 지성의 재배지를 황폐하게 만들고, 다른 한편에서는 추상의 능력을 지닌 정신이 마음을 따뜻하게 덥혀 상상력을 점화시켜줄 불꽃을 사위게 만든다는 식이지요.

이런 해체는 처음에 예술과 학문이 내면의 인간 안에 만들어놓은 것이지만, 새로운 통치의 정신이 이 해체를 완전하고도 보편적인 것으로 만들어버렸습니다. 최초의 공화국이라는 단순한 조직이 초기의 단순한 도덕 및 상황들이 사라진 뒤에도 계속 살아남을 것이라고 기대할 수는 없지만, 어쨌든 그것은 더 상위의 생명체로 진화하는 대신 오히려 천박하고 거친 기계의 차원으로 추락하고 말았습니다.

그리스인들은 폴립(Polyp, 해파리, 히드라)처럼 각 개체가 독립적인 삶을 즐기다가도 필요한 경우에는 한데 뭉쳐 전체가 되곤 했는데, 지금은 무한히 많은 생명 없는 부품들을 조각조각 조립해 전체적으로 기계적 생명을 이루는 인공적인 시계(국가)가 그 자리를 대신 차지하게 되었습니다. 이제 국가와 교회, 법과 관습이 서로 대립하게 되었습니다. 즐거움이 노동에서, 수단이 목적에서, 노력이 보상에서 분리된 것이지요. 인간은 작은 개별 부품에 영원히 매달린 채 스스로 부품이 되고, 자신이 돌리는 바퀴의 단조로운 소음만을 영원히 들으며 자신의 본질의 조화를 일구지 못하고, 자신의 본성 안에 있는 인성을 발현하는 대신 자신이 하는 사업이나 학문의 복제품에 불과한 존재가 된 것입니다.

그러나 개체를 전체에 결합시켜주는 이토록 빈약하고 단편적인 참여조차도 개체들이 스스로 자신에게 부여한 형식에 따르지 않고(왜냐하면 그토록 인공적이고, 빛과 계몽을 꺼리는 시계가 어떻게 그들의 자유에서 나온 것이라고 할 수 있겠습니까?), 그들의 자유로운 통찰을 묶어둘 형식이 개체들에게 가차 없는 엄격함으로 미리 주어져 있습니다. 죽은 문자들이 살아 있는 이해력의 자리를 대신 차지하고, 훈련된 기억력이 천재나 감성보다 더욱 안전하게 모든 것을 이끌어가는 법이니까요.

공공단체(국가)가 직무를 인간의 척도로 삼아 국민 중 어떤 사람에게는 기억력만을, 또 어떤 사람에게는 일람표 같은 지성만을, 또 다른 사람에게는 오직 기계적인 숙련만을 인정해준다면 국가가 여기서는 〔도덕적〕 품성과 상관없이 오직 지식만을 추구하고, 저기서는 반대로 질서의 정신과 준법적인 태도를 지니기만 하면 지성이 많이 부족해도 상관하지 않는다면, 또한 국가가 개인에게 제한한 범위에서 개별적인 능력만을 집중적으로 추구하려 든다면 명예와 보수를 가져다줄 단 하나의 소질에 집중하기 위해 개인의 나머지 소질들이 소홀히 취급된다 해도 그것이 놀라운 일입니까?

비범한 천재는 그 직무의 한계가 그 자신의 활동의 한계가 되지 못한다는 것을 우리는 알고 있습니다. 하지만 중간 정도의 재능을 가진 사람은 자신에게 맡겨진 일을 위해 보잘것없는 능력을 모두 써야 하므로, 직업에 해를 입히지 않고는 변변한 취미 하나 제대로 갖기 힘든 실정입니다. 게다가 어떤 사람의 능력이 그가 맡은 일을 훨씬 능가한다거나, 혹은 비범한 사람의 보다 높은 정신적인 요구가 그가 맡은 일 이외의 것에까지 미친다면 국가에 추천을 받기란 어려운 일입니다. 국가는 그 시민을 홀로 점유하는 일에 시기심이 강해서 그 시민을 베누스 우라니아보다는 베누스 키테레아와 공유할 정도이니까요•(그리고 누가 국가가 틀렸다고 감히 말할 수 있을까요?).

그리하여 전체라는 추상적인 이념이 옹색하게 생명을 연장하기 위해 개인의 구체적인 삶이 조금씩 파괴되고, 국가는 그 시민에게 영원히 낯

• 베누스 우라니아는 정신적인, 천상의 사랑을 나타내는 여신이고, 베누스 키테레아는 감각적 사랑을 나타내는 여신이다(옮긴이).

선 존재가 되고 말았는데, 그것은 〔개인의〕 감정이 국가를 전혀 찾아낼 수 없었기 때문에 벌어진 일입니다. 시민들을 종류별로 분류함으로써 그들의 다양성을 다루기 쉽게 만들고, 오직 중개를 통해 나온 대표를 통해서만〔법과 세금, 관료제와 경찰 등을 통해서만〕 인성을 받아들일 수밖에 없게 된 통치부는 인성을 단순한 오성의 산물과 혼동함으로써 마침내 인성을 완전히 시야에서 놓쳐버리지요. 그러므로 피지배자가 자신에게 향하지 않는 법을 냉정한 태도로 받아들이는 것 또한 당연한 일입니다. 국가가 거의 부담을 떠맡지 않는 이런 유대를 지속하는 것에 넌더리가 나 마침내 긍정적 의미의 사회는(이미 오래전부터 대부분 유럽 국가들의 운명인 바) 해체되어 도덕적인 자연상태•로 돌아갑니다. 이런 상태에서 공권력은 패거리가 더 **많을** 뿐, 공권력이 필요한 사람에게서는 미움받고 기만당하며, 그것이 없어도 되는 사람들에게서만 주목을 받고 있습니다.

인류는 내면과 외부로부터 자신에게 가해진 이 같은 이중의 압력을 받으면서 실제와 다른 방향을 취할 수 있었을까요? 사변적 정신은 이념의 영역에서 양도할 수 없는 소유를 탐했기에 감각세계에서 낯선 존재가 되고, 형식에 마음을 빼앗긴 나머지 물질세계를 상실했습니다. 실용적인 정신은 물질적 대상들의 단조로운 영역 안에 갇힌 채 이런 단조로움에 덧붙여 서식書式들에 얽매어 조건에 사로잡히지 않은 전체의 이념을 시

• 도덕적인 자연상태. 도덕법칙을 알지 못하기에 자신의 이해관계만을 좇는 감정들로 이루어진 것. 인간의 자발적 규정을 존중하지 않기에 스스로도 존중받지 못한 채 사람들이 억지로 받아들이는 전제주의에 대한 비판(옮긴이).

야에서 놓쳐버리고 동시에 자신의 활동 영역을 빈약하게 만들었습니다.

사변적 정신이 현실적인 것을 사변적인 것에 맞추어 자신의 지각 능력의 주관적 조건들을 물건들의 현존을 위한 구성 법칙으로 만들려고 했다면, 실용적 정신은 반대의 극단에 서서 어떤 특수한 단편적 경험에 따라 모든 경험 일반을 판단하고, **자기 자신**의 직무의 법칙을 아무런 구분 없이 모든 일에 적용하려고 한 것이지요. 하나는 공허한 고상함에 희생되고, 다른 하나는 고루한 편협함에 희생당하고 말았습니다. 사변적 정신은 개체에게는 너무 높은 곳에, 실용적 정신은 너무 낮은 곳에 있어서 전체를 조망할 수가 없기 때문입니다.

그러나 정신의 이러한 방향은 지식과 생산만 제한하는 것이 아니라 감성과 행동에도 똑같이 불리하게 작용합니다. 마음의 감수성은 생동성에 따라 그 정도가 결정되고, 상상력의 풍부함에 따라 그 범위가 결정된다는 사실을 우리는 알고 있습니다. 분석적인 능력이 지나치게 많으면 필연적으로 상상력에서 그 힘과 불꽃을 빼앗고, 대상들의 영역을 제한하면 상상력의 풍부함이 줄어듭니다. 그래서 추상적인 사상가는 자주 **냉정한** 심정을 갖는데, 전체로서만 영혼을 감동시키는 인상들을 잘게 나누기 때문이지요. 실용적 직무를 가진 사람은 자주 **편협한** 마음을 갖는데, 그의 상상력이 직업의 단조로운 경계 안에 갇히는 바람에 다른 인식방법을 받아들여 스스로의 영역을 넓히지 못하기 때문입니다.

나의 길은 우리 시대의 특성에 있는 불리한 경향들과 그 이유를 찾아내는 것일 뿐, 그 불리한 점들에 대한 보상으로 자연이 제공해주는 장점들을 보여주는 것은 아닙니다. 개인들에게는 자기 존재의 이러한 단편화가 아무리 불쾌한 것이라도 종족 전체는 이것 이외의 다른 어떤 방법으로도 발전을 이룰 수 없었을 것이라는 사실을 기꺼이 인정합니다. 인성은 그리스인에게서 의심할 여지없이 최고 정점에 도달했는데, 그 단계에서는 그 자리에 머물러 있을 수도 없고, 더 높이 올라갈 수도 없지요. 그대로 머물러 있을 수 없다는 것은 지성이 자신이 가진 모든 지식을 통해 필연적으로 감성과 바라봄으로부터 멀어져 정밀한 인식에 도달하기를 갈망하기 때문입니다. 더 높이 올라갈 수 없다는 것은 어느 정도까지의 명료함만이 특정한 충만함이나 따뜻함과 결합될 수 있기 때문이지요.

그리스인들은 바로 이와 같은 높이에 도달했던 것이며, 그들이 더 높은 발전 단계로 나아가기를 원했다면 그들도 오늘날 우리처럼 존재의 총체성을 포기하고 〔지성과 감성이〕 분리된 길로 진리를 추구해야 했을 것입니다.

인간의 다양한 소질을 발전시키기 위해서는 이 소질들을 서로 대립시키는 것 외에는 달리 방법이 없습니다. 힘들의 이런 대립이야말로 문화의 위대한 도구이기는 하지만, 그러나 이것은 역시 그냥 도구일 뿐입니다. 왜냐하면 이런 대립이 존속하는 한 인간은 계속해서 문화로 향하는 중간에 위치해 있는 것이니까요.

인간에게 있는 개별적인 힘들이 서로 분리되어 그 각각이 전폭적인 권위를 가져야만 비로소 그 각각의 힘들은 사물의 참-거짓을 비판적으로 관찰하면서, 보통은 게으른 만족감으로 외적 현상에만 머물러 있곤 하는 건강한 상식이 대상의 깊이 안으로 파고들게 만들지요. 순수한 사변은 감각세계의 권위를 찬탈하려 하고, 경험적 사변은 이 찬탈자를 경험의 조건들에 굴복시키려 애씀으로써만 이 두 가지 능력은 최고 수준에 이르게 되고, 자신의 본래 영역의 전체 범위를 모두 사용하게 됩니다. 한편에서 상상력이 그 자의를 통해 세계질서를 해체하려 시도하는 판이니, 다른 편에서 이성이 상상력에 맞서기 위해 인식의 최고 원천까지 거슬러 올라가 필연의 법칙에 도움을 요청하지 않을 수 없게 되는 것이지요.

힘을 사용하는 데 나타나는 이러한 일방성은 개체를 필연적으로 오류로 이끌어가지만 전체 종족을 진리로 이끕니다. 우리 정신의 모든 에너지를 단 **하나의** 발화점에 집중시키고, 우리의 모든 존재를 단 하나의 능력에 집중시킴으로써만 우리는 이 하나의 능력에 날개를 달아주어 이것이 자연이 부여한 한계를 인위적으로 넘어서게 합니다. 자연이 모든 인간에게 부여한 시력을 모두 합쳐도 목성의 위성을 발견하지 못했겠지만, 망원경은 천문학자에게 위성의 발견을 가능하게 해주었습니다. 이와 마찬가지로 소명을 타고난 개인들에게서 이성이 스스로 고립되어 모든 물질에서 벗어나 극히 집중된 추상을 통해 절대적 존재에게 시선을 돌리지 않았다면, 인간의 사고력은 무한한 존재의 분석이나 순수이성의 비판을 결코 성취하지 못했을 것입니다.

하지만 순수한 지성과 순수한 명상 속에 용해된 정신이 논리의 엄격한 사슬을 문학적 힘의 자유로운 움직임과 바꾸는 일, 충실하고 단순한 감각으로 사물의 구체적 개체성을 파악하는 일에도 쓸모가 있을까요? 자연은 우주적인 천재라 하더라도 뛰어넘을 수 없는 한계를 여기 만들어두었습니다. 그런 만큼 철학이 오류에 대항하는 것을 자신의 최고 과

업으로 여기는 한 〔철학적〕 진리는 앞으로도 계속 순교자를 만들어낼 것입니다.

그러므로 전체로서의 세계가 인간 능력을 이렇게 분리해 발전하게 함으로써 아무리 많은 것을 얻는다 하더라도 그런 일을 당한 개인들은 세계 목적이라는 이 같은 저주 아래에서 고통받고 있음을 부정할 수 없습니다. 체조 연습을 통해 근육질의 몸매가 만들어지는 것이 사실이지만, 오직 사지의 자유롭고 조화로운 놀이를 통해서만 아름다움이 만들어집니다. 마찬가지로 정신의 개별적인 힘들을 길러 비범한 인간을 양육해낼 수는 있으나, 정신적인 능력들을 균등하게 조율해야만 행복하고 완전한 인간을 양육할 수 있지요.

그러므로 〔종으로서의〕 인간 본성의 함양을 위해 〔개인의〕 이 같은 희생이 불가피한 것이라면 우리 자신은 과거와 미래 시대에 대해 어떤 관계를 맺고 있는 것일까요? 우리는 그동안 인성의 하인에 지나지 않았고, 수천 년 동안 인성을 위해 노예 노릇을 한 것일 뿐이며, 산산이 조각난 우리 본성에는 이 부끄러운 노예 상태의 흔적들이 각인되어 있을 테지요. 미래에 나올 종족이 복된 무위無爲 상태에서 자신의 도덕적 건강을 돌보고 인성의 자유로운 성장을 펼칠 수 있도록 말이지요.

그러나 인간이 어떤 목적을 위해 자기 자신을 소홀히 하도록 규정되어 있다는 것이 있을 수 있는 일일까요? 이성이 그 목적을 위해 우리에게 붙여준 완전성을 이번에는 자연이 자신의 목적을 위해 빼앗아갈 수 있는 것일까요? 그러므로 총체성의 희생을 통해서만 개별적인 힘들의 함양이 이루어진다는 것은 분명 잘못입니다. 혹은 자연의 법칙이 그것을 지향한다고 하더라도, 기술〔예술, 문명〕이 파괴해버린 우리 본성의 총체성을 더 높은 기술을 통해 다시 창출해내는 것은 분명 우리에게 맡겨진 일입니다.

어떻게 우리 인성의 총체성을 회복할 수 있나?

이런 활동을 어쩌면 국가에 기대해볼 수 있을까요? 그것은 가능하지 않습니다. 왜냐하면 현재의 국가는 재앙을 만들어냈으며, 이념Idee 속 이성이 제시하는 대로 더 나은 인성의 기초가 되기는커녕 오히려 더 나은 인성을 바탕으로 그런 국가가[총체성을 회복해줄 수 있는] 우선 건설되어야 할 판이기 때문입니다.

그렇다면 지금까지 탐구를 위해 잠시 멀리했던 그 지점으로 다시 돌아온 것처럼 보이는데요. 현시대는 국가를 도덕적으로 개선하기 위한 필수조건으로 생각되는 인성의 형식을 보여주지 못하고, 오히려 그 반대의 모습만을 보여주고 있습니다. 앞에서 제시한 원칙들이 옳다면, 그리고 현시대에 대한 나의 판단을 경험이 옳다고 확인해준다면 내적인 인간에게 일어난 분리현상이 다시 해소되면서 그의 본성이 스스로 국가 예술가가 되어 이성의 정치적 창조에 현실성을 보장해줄 수 있을 만큼 완전히 발달하기 이전에는 그 같은 국가 개선의 시도는 모두 시기상조이며, 국가 개선에 근거를 둔 다른 모든 희망도 망상일 뿐이라고 이야기하지 않을 수 없겠지요.

자연은 그 물리적 창조 과정을 통해 우리가 도덕적 영역에서 선택해야 할 길을 미리 보여주고 있습니다. 저급한 조직들에 나타나는 원소적인 힘들 사이의 싸움이 진정되기 전까지 자연은 물리적 인간을 창조하는 고귀한 일을 하지 않았지요. 마찬가지로 우리도 윤리적 인간 안에서 일어나는 원소들 사이의 싸움, 즉 맹목적 충동 사이의 갈등이 진정되고 그의 내면에서 거친 대립이 중지되고 난 뒤에야 비로소 〔개인의 내면에서〕 다양성에 양분을 주는 모험을 해도 될 것 같군요.

또 한편 품성의 독자성이 확립되면서 타인의 독선적인 권위에 굴종하지 않고 〔스스로 내면의〕 자유를 확보한 다음에야 인간 내면의 다양성이 이상적인 통일성에 복종해도 될 것입니다. 자연의 인간이 법도 모르는 채 멋대로 방자한 행동을 하고 있는데 그에게 그 자신의 자유를 보여줄 수 없으며, 문명의 인간이 자신의 자유를 거의 사용하지 않는데 그에게서 그나마의 자의성까지 빼앗을 수는 없습니다.

자유주의의 원칙들을 선물했더니 그 원칙들이 끓어오르는 힘에 합류해 그렇지 않아도 너무 강한 자연의 힘을 더욱 강력하게 할 뿐이라면 그 같은 선물은 사회 전체에는 배신행위가 될 것입니다. 개인이 아직 허약하게 물리적 한계에 묶여 있어서 독자적 활동성과 개성의 마지막 희미한 불꽃마저 꺼져가는 판에 〔전체에 대한〕 화합의 법칙을 주장한다면 그것은 개인에 대한 〔전체주의적〕 독재를 의미하게 될 것입니다.

먼저 시대의 품성이 깊은 품격 상실의 상태에서 벗어나야 합니다. 한편으로는 자연의 맹목적인 폭력에서 벗어나고, 다른 한편으로는 자연의 단순성·진실성·충만함으로 돌아가야 합니다. **100년** 이상 걸릴 과제이기는 합니다만. 도중에 많은 시도들이 개별적으로는 성공할 수도 있음을 인정합니다. 그러나 전체적으로 보면 그런 개별적인 성공을 통해 개선되는 점은 없을 것이며, 실제 행동상의 모순들은 여전히 원칙의 통일성에 맞지 않을 것입니다.

세계의 다른 부분에 있는 흑인의 인권을 존중하면서〔미국〕 유럽에 있는 사상가들의 인권을 모독하는 일이 일어날 수도 있습니다. 낡은 원칙들이 그대로 남은 채 다만 시대의 유행 의상을 걸치고 전에는 교회의 권위 아래 이루어지던 억압이 이제는 철학의 이름으로 이루어지는 식이 될 것입니다. 첫 시도에서는 항상 적의 모습으로 나타나는 자유에 질겁해 사람들은 한편으로는 마음 편한 노예 상태로 도망치고, 다른 한편으로는 몹시 꼼꼼한 후견과 통제에 절망해 방종한 자연 상태로 도망칠 것입니다. 인간 본성의 허약함을 구실로 권력 찬탈이 이루어지고, 인간 본성의 품위를 핑계로 폭동이 일어나고, 그러다가 마침내는 모든 인간사에서 대담한 결정권자인 맹목적인 폭력이 개입해 원칙들 사이의 싸움을 평범한 주먹싸움 다루듯이 해결할 것입니다.

여덟째 편지

지혜로워질 용기를 가져라

그렇다면 철학은 용기도 희망도 없이 이 영역에서 물러나야 하는 것일까요? 형식에 의한 지배가 다른 모든 방향으로 확장되어가는 동안,• 모든 귀중한 재산 가운데에서도 가장 중요한 이 영역[자유 또는 정치적 자유]만이 형식 없는 우연에 내맡겨져야 하는 것일까요? 맹목적인 힘들 사이의 갈등이 정치세계에서만 영원히 계속되어 사교의 법칙이 적대적 이기심을 절대로 극복하지 못하게 되는 것일까요?

결코 그렇지 않습니다! 이성은 자신에 항거하는 이런 야만적인 힘에 맞서 스스로 직접 싸우지는 않습니다. 《일리아스》의 전투에서 사투르누스의 아들[제우스]이 직접 전투에 나서지 않듯이 이성도 직접 이 암흑의 싸움터로 내려가지는 않습니다. 그러나 제우스가 자신의 손자[아킬레우스]를 내보내듯이 이성도 전사들 가운데 가장 고귀한 전사를 선발해 신

• 오로지 합리성의 원칙들에 따라 현실을 만들어 나가려는 계몽주의의 노력(옮긴이).

의 무기로 무장을 시켜 그 승리의 힘을 통해 이 중대한 문제를 결정짓게 합니다.

이성은 법칙을 찾아 내세우는 것으로 자신의 몫을 다했습니다. 그것을 실천하는 것은 단호한 의지와 생생한 감정이 할 일이지요. 진리가 힘들과의 싸움에서 승리를 거두려면 스스로도 먼저 **힘**이 되어야 하며, 현상들의 영역에 **충동**을 자신의 대리인으로 내세워야 합니다. 왜냐하면 충동이야말로 느낌의 세계에서 유일한 동적인 힘이기 때문이지요. 지금까지 진리가 그 승리하는 힘을 거의 입증하지 못했다면 그것은 진리를 드러내 보여주지 못한 오성[지성]의 탓이 아니라 진리를 향해 문을 닫은 심정의 탓이요, 진리를 위해 행동하지 않은 충동의 탓입니다.

철학과 경험이 밝혀준 이 온갖 빛에도 불구하고 아직 일반화되어 있는 편견과 생각의 어둠은 대체 어디서 오는 것일까요? 시대는 계몽되어 있습니다. 다시 말하면 우리의 실천적인 기본 원칙들을 올바르게 수정하기에 충분할 정도로 많은 지식이 발견되고, 널리 알려졌다는 말이지요. 자유로운 탐구 정신은 오랜 기간 진리에 접근하는 것을 막아온 어리석은 생각들을 타파하고, 광신과 기만이 세운 왕좌의 기반을 파헤쳤습니다. 이성은 감각의 기만과 거짓된 궤변에서 스스로를 정화했고, 우리를 먼저 자연에서 멀리 떼어놓던 철학이 지금은 자연의 품으로 돌아오라고 간절히 우리를 부르고 있습니다. 그런데 우리는 어떤 이유로 아직도 무기력한 인간으로 머물러 있는 것일까요?

진리가 아무리 밝게 빛날지라도, 아무리 생생한 설득력을 가진 것이라도 그 수용을 방해하는 어떤 요인이 사물이 아닌 사람의 마음에 있는 것이 분명합니다. 옛 현자〔호라티우스〕가 그 점을 간파하고 다음과 같은 의미심장한 말을 했습니다.

"사페레 아우데sapere aude."

"지혜로워질 용기를 가져라"는 뜻입니다. 천성의 나태함과 심정의 비겁함이 참된 가르침에 맞서 세워둔 방해물에 대항해 싸우기 위해서는 용기라는 에너지가 필요하니까요. 지혜의 여신〔아테나〕이 완전무장을 하고 유피테르〔제우스〕의 머리에서 뛰쳐나왔다는 옛 신화는 아무 이유가 없는 것이 아닙니다. 그녀의 최초 행동은 전투입니다. 탄생의 순간에 벌써 그녀〔지혜〕는 달콤한 보금자리에서 쫓겨나지 않으려는 감각들과 힘든 싸움을 벌여야 했던 것이지요.

대다수의 인간들은 생존을 위한 싸움만으로 이미 너무 기진맥진해 오류에 대항하는 더욱 어려운 싸움을 위해 몸을 추스를 수도 없을 지경입니다. 스스로 생각한다는 힘든 일에서 도망칠 수만 있다면 반가워 다른 사람이 자신의 생각을 이끌어가도록 기꺼이 내맡겨버리지요. 그리고 혹자기 내면에서 보다 고귀한 욕구가 일어나기라도 하면 국가와 교회가 이런 경우를 대비해 마련해둔 형식들을 절박한 신앙심으로 움켜쥡니다.

이런 불행한 사람들은 그나마 동정을 받을 만합니다. 더 나은 운명이 이런 물질적 곤궁이라는 질곡에서 해방시켜주었음에도, 스스로 선택해 그 질곡 아래 몸을 굽히는 사람들은 경멸을 받아 마땅합니다. 이런 사람들은 자신들 꿈의 편안한 망상을 쫓아버리는 진리의 밝은 빛보다는 감각이 마음대로 지배하면서 공상이 멋대로의 형상을 만들어낼 수 있는 희미한 조명 상태를 더욱 좋아합니다. 지식의 빛이 부수어야 할 이런 기만 상태 위에 그들은 자기 행복의 모든 건축물을 세웠습니다. 따라서 그들이 자신에게 귀중한 모든 것을 빼앗는 일로 시작하는 진리를 그 값비싼 대가를 치르면서 사들이겠습니까? 지혜를 사랑하기 위해서는 이미 지혜로워야만 하는 것이지요. 이것은 철학에 철학이라는 이름을 주었던 현자〔피타고라스〕가 이미 깨달았던 진실입니다.

그러므로 품성에 영향을 미치는 만큼 오성의 계몽이 존중을 받는다는 것만으로는 부족합니다. 어느 정도는 품성 자체에서 계몽이 나와야 합니다. 심정을 통해서 머리에 이르는 길이 열려야 하기 때문이지요. 그러므로 감성 능력의 함양은 우리 시대의 절실한 요구입니다. 이 같은 함양이 더 나아진 통찰력을 실생활에서 쓸모 있는 것으로 만들어주는 수단이기 때문만이 아니라, 그것 자체가 바로 통찰력을 개선하도록 사람들을 각성시키기 때문입니다.

아홉째 편지

순수하게 살아 있는 원천 —아름다운 예술, 그리고 젊은 예술가에게

하지만 어쩌면 이것은 순환논리가 아닐까요? 이론적 문화[교육]가 실천적 문화를 유도해야 하는데, 실천적 문화가 이론적 문화의 조건이라고 말하고 있으니 말입니다. 정치 영역에서의 모든 개선은 품성을 고귀하게 만드는 일에서 출발해야 합니다. 그러나 야만적인 국가 헌법의 영향 아래에서 어떻게 품성이 고귀해질 수가 있겠습니까? 그러므로 이런 목적을 위해서는 국가가 만들어내지 않은 도구를 찾아내야 하며, 온갖 정치적 타락에서도 깨끗하고 순수하게 남아 있는 살아 있는 원천을 열어야만 합니다.

이제 나는 지금까지의 성찰이 추구해온 핵심에 도달했습니다. 그 도구는 바로 아름다운 예술이고, 순수하게 살아 있는 원천은 불멸하는 예술의 모범들 안에서 솟아납니다.

예술은 학문[철학]과 마찬가지로 모든 기존의 것, 인류의 관습이 이끌어온 모든 것에서 벗어나 있습니다. 이 두 가지는 인간의 독단에서 절대적으로 **면역**이 되어 있습니다. 정치적 입법자는 예술과 학문의 영역을 폐쇄할 수는 있으나 그것을 지배하지는 못합니다. 진리의 벗을 추방할 수는 있으나 진리 자체는 살아남습니다. 예술가에게 굴욕을 줄 수는 있으나 예술을 위조할 수는 없습니다. 물론 〔유감스럽게도〕 학문과 예술이 시대의 정신을 추종하고 창작하는 취향이 시대의 지배적 취향에서 기준을 받아들이는 것처럼 흔한 일이 없기는 합니다. 품성이 경직되고 냉혹해진 시대에 학문은 엄격하게 한계를 지키고, 예술은 법칙이라는 무거운 쇠사슬에 이끌리는 것을 볼 수 있습니다.

반면 품성이 느슨하게 풀어진 시대에는 학문이 비위를 맞추려 애쓰고, 예술은 즐거움만 주려고 합니다. 수세기 동안 철학자와 예술가들은 진리와 아름다움을 천박한 인성의 밑바닥으로 떨어뜨리기 위해 분주히 노력해왔습니다. 그 과정에서 철학자와 예술가들은 스스로 무너졌으나, 진리와 아름다움은 파괴되지 않는 생명력으로 승리해 부상하고 있습니다.

예술가는 비록 자기 시대의 아들이기는 하지만, 그가 시대의 보호를 받는 자이고 시대의 총아이기도 하다면 그에게는 고약한 일입니다. 은총을 베푸는 신은 늦기 전에 이 젖먹이를 어미의 품에서 떼어내어 더 나은 시대의 젖을 먹이고, 또 그를 멀리 떨어진 그리스의 하늘 아래에서 성장하도록 해야 합니다. 그렇게 어른이 된 다음 그는 이방인이 되어 자기 시대로 돌아와야 합니다.

그러나 그는 자기 시대를 기쁘게 하기 위해서 나타나는 것이 아니라 아가멤논의 아들〔오레스테스〕처럼 시대를 정화하기 위해 돌아오는 것이지요. 그는 비록 현대에서 소재를 취하기는 하나 형식은 더 고귀한 시대에서, 즉 모든 시대의 저편, 절대적이고 불변하는 본질의 통일성에서 취합니다. 이곳 그의 신적인 자연의 순수한 에테르에서 아름다움의 원천이 흘러나오는데, 그것은 저 아래 자욱한 소용돌이에 휩싸여 뒹굴고 있는 종족들과 시대의 타락에 오염되지 않은 원천입니다. 변덕스러움이 그의 소재를 고귀한 것으로 만들었다가 다시 비천하게도 만들겠지만, 순결한 형식은 그 같은 변화에서 벗어나 있습니다.

1세기의 로마인들은〔로마 공화정에서 제정으로 넘어간 시기〕 이미 황제들 앞에 무릎을 꿇었으나 조각상들은 여전히 꼿꼿하게 서 있었고, 신들은 이미 오래전에 웃음거리가 되었음에도 신전은 거룩하게 남아 있었으며, 네로나 코모두스〔폭군과 난봉꾼으로 악명 높은 로마 황제들〕 같은 자들의 뻔뻔스러운 범죄는 그런 행위가 이루어진 건축물의 고귀한 양식으로 인해 더욱 수치스러운 것이 되고 말았습니다. 인성은 그 품격을 잃었으나 예술이 그것을 구해 의미심장한 돌에 보존해두었던 것이지요. 진실은 우리 감각을 속이는 예술 속에 계속 살아 있으며, 모사품에서 원래의 모습이 다시 나타날 것입니다. 예술의 고귀함이 자연의 고귀함보다 **오래 살아남으며**, 또한 열광시킨다는 측면에서도 사물의 모양을 형성하거나 일깨움으로써 자연의 고귀함을 능가합니다. 진리가 승리의 빛을 마음 깊은 곳으로 보내기도 전에 시인의 상상력은 진리의 빛줄기를 잡아챕니다. 그래서 골짜기는 아직도 밤이슬에 덮여 있는데, 인성의 봉우리는 찬란한 빛을 발하는 것이지요.

그러나 예술가는 어떻게 사방에서 둘러싸고 있는 자기 시대의 타락으로부터 자신을 보호할 수 있을까요? 그것은 시대의 판단을 무시하면 됩니다. 위를 향해 자기 소명의 품위와 법칙을 바라볼 뿐, 아래로는 행운이나 일상의 필요성 같은 것을 내려다보지 않으면 됩니다.

살같이 빠른 순간에〔'현재'라는 이 순간에〕 자신의 흔적을 새기려는 무모한 노력이나, 시대의 보잘것없는 산물에 절대성의 척도를 들이대는 성급한 열광에서 벗어나 현실성이 본래 고향인 오성에게 현실성의 영역을 넘겨주고, 자신은 가능한 것〔예술〕과 필연적인 것〔도덕〕을 결합해 이상을 만들어낼 수 있게 노력해야 합니다. 이 이상을 가상과 진실 안에 새기고, 자기 상상력의 유희와 자기 행위의 진지함 안에 새기고, 모든 감각적 형식과 정신적 형식 안에 새기고 말없이 무한한 시간 속으로 그것을 던져 넣으면 됩니다.

그러나 영혼 안에서 이 같은 이상이 빛나고 있는 사람에게 이상을 말없는 돌에 새겨 넣거나 혹은 침착한 말에 쏟아붓고서 시간이라는 판관의 손에 맡길 만큼 창조적인 평온함과 위대하고 참을성 있는 정신이 반드시 함께 주어지는 것은 아닙니다. 이런 조용한 수단으로 진행되도록 내버려두기에는 성질이 너무 급해 신적인 형성충동은 자꾸만 현실로, 활동의 삶으로 직접 달려들어 도덕적 세계가 제공하는 형식 없는 재료를 변화시키려고 듭니다. 느낄 수 있는 인간은 인간 종족의 불행이 자신에게 하소연한다고 느끼는데다가, 인류의 품격 상실은 그보다 더욱 다급하게 하소연하므로 활력이 넘치는 영혼 안에 열광이 타오르고, 이글거리는 열망이 그를 행동으로 몰아갑니다.

그러나 그는 스스로에게 물어본 적이 있을까요? 도덕적 세계의 무질서가 자신의 이성에 불쾌감을 주는 것인지, 아니면 자신의 자애심自愛心에 고통을 주는 것인지를 말입니다. 아직 답을 모른다면 특별하고도 성급한 결과를 지향하는 자신의 열성을 보면 그 답을 알 수 있을 것입니다. 순수한 도덕적 충동은 절대성을 지향합니다. 그런 도덕적 충동에 시간은 존재하지 않습니다. 현재에서 불가피한 필연성으로 미래가 발전해 나오는 순간 미래는 현재가 됩니다. 한계를 모르는 이성의 눈으로 보면 방향 설정이 곧 완성이며, 올바른 길로 접어드는 순간 이미 그 길을 모두 통과한 것입니다.

진리와 아름다움을 사랑하는 젊은이가 어떻게 하면 시대의 온갖 방해에 맞서 자신의 가슴에 있는 고귀한 충동을 만족시킬 수 있는지 묻는다면 다음과 같이 대답하겠습니다.

> 그대가 영향을 주려는 세계에 오직 선을 향한 **방향**만을 제시하라. 그러면 시간의 고요한 리듬이 그것을 전개할 것이다. 그대의 가르침을 통해 그들의 생각이 필연성과 영원성을 향하게 하고, 그대의 행동과 창작을 통해 필연성과 영원성이 그들의 충동의 대상이 되게 만든다면 그대는 이런 방향을 인류에게 준 것이다.
>
> 그대가 오류와 변덕이라는 건축물이 무너질 것이라고 확신하기만 하면 그것은 무너질 것이고, 무너져야 하고, 이미 무너진 것이다. 그러나 외적인 인간뿐 아니라 내적인 인간의 내부에서도 이 같은 건축물이 무너져야 한다. 그대 마음의 수줍은 고요함 속에서 승리하는 진실을 키우고, 그것을 그대의 내면에서 꺼내 아름다움의 형식 안에 세워 사변뿐 아니라 감각까지도

진실의 출현을 사랑으로 붙잡게 해야 한다.

그대가 세계에 모범을 제시해야 하는데 거꾸로 세계에서 그 모범을 받아들이지 않도록, 그대 마음속에서 이상의 보호를 받는다는 확신이 서기 전에는 수상쩍은 사회로 나가지 마라. 그대의 세기와 더불어 살되, 시대의 피조물은 되지 마라. 동시대인들을 위해 일하되, 그들이 찬양하는 일이 아닌 그들에게 꼭 필요한 일을 하라. 그들의 죄를 함께 범하지 않되, 고귀한 체념으로 그들의 형벌을 함께 나누고, 그들이 벗어던지지 못하면서 제대로 감당하지도 못하는 멍에를 자발적으로 함께 짊어져라.

그들의 행운을 거절하는 그대의 꿋꿋한 용기를 통해서 그대가 비겁해 그들의 고통을 함께 나누는 것이 아님을 입증해 보일 수 있다. 그들에게 영향을 주려고 할 때는 그들이 대체 어떤 모습으로 존재해야 할지 그 당위성을 생각하라. 그러나 그들을 위해 행동하고자 할 경우에는 현재 그들이 실제로 어떤 모습인지를 생각하라. 그들의 갈채를 구할 경우에는 그들 내면에 있는 품위에만 호소하라. 그러나 그들의 행운을 헤아려보려면 그들의 무가치함을 근거로 삼아라. 그러면 한편으로 그대 자신의 고결함이 그들의 고결함을 일깨우면서, 다른 한편으로는 그들의 무가치함이 그대의 목적을 파괴하지 못할 것이다.

그대의 원칙이 심각하면 그들은 두려워 멀리 도망치겠지만, 놀이의 형태로는 그들도 그대의 원칙들을 참아줄 수가 있다. 그들의 취향이 그들의 심정보다는 순수하며, 바로 이 취향이야말로 그대가 소심한 도망자를 붙잡는 지점이다. 그들의 원칙을 공격해도 소용이 없으며, 그들의 행동을 욕해도 소용이 없다. 그러나 그대의 형성하는 손길을 그들의 여가 시간에 한 번 시험해볼 수는 있을 것이다. 그들의 오락에서 방자함과 파렴치와 조잡함을 몰아내라. 그러면 모르는 사이에 그대는 그들의 행동에서도 그 같은 것을 몰아내고 마침내 그들의 성향 자체에서도 그런 것들을 추방해버릴 것이다. 이 같은 특성들을 만나기만 하면 그것들을 고귀하고 위대한 정신의 형식들로 둘러싸고 탁월함의 상징들로 포위해 마침내 가상이 현실을, 예술이 자연을 극복하도록 하라.

경험적 예들의 관찰: 비관적 결과→선험적 관찰로 넘어감

앞의 편지들을 통해 당신은 나와 같이 다음의 사실을 확신하고 계십니다. 즉 인간이 두 가지 상반된 길로 자신의 본래 규정에서 멀어질 수 있다는 것, 그리고 우리 시대는 실제로 이 두 가지 그릇된 길을 헤매며 한편으로는 거칠음의, 다른 한편으로는 무기력과 도착倒錯의 제물이 되고 있다는 것을 말입니다. 아름다움을 통해 이 이중의 오류에서 벗어나 제 길로 돌아와야 합니다.

그러나 어떻게 아름다운 문화〔교육〕는 이 두 가지 상반된 결함을 동시에 찾아내 두 가지 상호 모순되는 특성들을 자기 안에서 하나로 결합할 수 있을까요? 거친 인간의 본성은 사슬에 묶고, 무기력한 인간의 본성은 자유롭게 놓아줄 수 있을까요? 조이고 푸는 일을 동시에 한단 말인가요? 그리고 만일 아름다움이 동시에 이 두 가지 일을 할 수 없다면 인성의 교육처럼 중요한 일을 어떻게 아름다움에 기대할 수 있을까요?

아름다움을 위해 훈련받은 감정이 도덕성을 세련되게 만든다는 주장은 지겹도록 들어서 여기서 새삼 증명할 필요도 없을 것 같습니다. 이런 생각은 대부분 사유의 명료함, 감정의 활달함, 공평함, 심지어 태도의 품위까지도 통상적으로 훈련받은 취향과 결합시키고, 그 반대되는 것은 훈련받지 못한 취향과 결합시키는 일상적인 경험에 근거하고 있습니다. 또는 고대의 모든 민족 가운데에서 가장 문명화된 민족에게서 아름다움의 감정 또한 최고조에 달했다는 것, 반대로 거친 민족이나 무기력한 민족에게서 아름다움에 대한 무감각이 거친 또는 메마른 품성으로 변하고 말았다는 예를 근거로 들곤 합니다.

그럼에도 불구하고 생각하는 사람들에게는 그 사실 자체를 부정하거나 적어도 그런 사실에서 이끌어낸 결론을 의심해보려는 생각이 때때로 들곤 합니다. 그들은 사람들이 보통 원시적인 민족들을 놓고 비난하는 저 거친 특성을 완전히 나쁘게만 생각하지 않으며, 또한 문명화된 민족들을 찬양하는 저 세련화를 꼭 좋게만 여기지도 않습니다. 고대에도 이미 미의 문화를 전혀 혜택으로 여기지 않고, 상상력의 예술이 자신들의 공화국에 들어오는 것을 거부하려던 남자들이 있었습니다〔플라톤의 《국가》〕.

우미優美의 이점을 한 번도 경험해본 적이 없기에 그것을 경시하는 부류의 사람들을 말하는 것이 아닙니다. 쟁취하는 수고와 손에 쥘 수 있는 이점 말고는 다른 척도를 모르는 사람들, 그들이 어떻게 인간의 외면과 내면에 미치는 취향의 조용한 영향을 존중할 수 있겠습니까? 또 그들이 어떻게 아름다움의 문화가 지닌 우연한 불리함들 때문에 그 본질적인 이점들을 놓쳐버리지 않을 수 있겠습니까?

스스로 형식을 갖지 못한 인간은 말투의 기품을 아첨이라고, 사회적 교류에서 보이는 세련됨을 가식이라고, 태도의 섬세함과 고결함을 지나친 긴장과 점잔빼기라고 여겨 경멸합니다. 그런 사람은 우미의 여신들의 총아가 사교인으로서는 모든 모임을 명랑하게 하고, 업무의 영역에서는 모든 두뇌를 자신의 의도대로 이끌고, 작가로서는 세기 전체에 자신의 정신을 각인시키고 있는데, 근면의 희생자인 자신은 온갖 지식을 모두 동원해도 전혀 주목받지 못하고 돌 하나도 자리에서 〔마음대로〕 옮기지 못한다는 사실에 대해 우미의 총아를 용서하지 못합니다. 그는 우미의 총아가 유쾌하게 지내는 그 천부의 비밀을 결코 배우지 못하기 때문에 본질보다는 가상을 숭상하는 인간 본성의 도착증을 탄식하는 수밖에 달리 도리가 없는 것이지요.

그러나 아름다움의 작용에 반대하는, 그리고 그것에 반대할 두려운 이유들을 경험에서 이끌어내는 주목할 만한 목소리들이 있습니다〔장 자크 루소〕. 그런 목소리들은 다음과 같이 말합니다.

> 아름다움의 자극이 선한 손에서 찬양할 만한 목적을 위해 작용할 수 있음을 부정할 수는 없다. 그러나 나쁜 손에서는 정반대의 일을 하고, 영혼을 사로잡는 아름다움의 힘이 오류와 불의를 위해 사용된다는 것도 아름다움의 본질에 위배되는 것이 아니다. 취향이란 오직 형식에만 주목할 뿐 내용에는 결코 주목하지 않기 때문에 그것은 모든 현실을 아예 소홀히 하고, 진리와 도덕성을 희생시키면서까지 매력적인 외모만을 추구하는 위험한 경향을 인간의 마음에 심어준다. 사물들 사이의 본질적인 구분은 사라지고 오로지 겉모습만이 사물의 가치를 결정하게 된다.

또 계속 이렇게 말하지요.

유능한 사람이라도 아름다움의 오도하는 힘을 통해 진지한 불굴의 노력에서 아예 벗어나거나, 아니면 피상적으로만 행동하는 일을 피할 수 있는 사람이 얼마나 될까! 얼마나 많은 약한 지성이 하나의 세계를—거기서는 모든 것이 전혀 다른 결과를 만들어내고, 어떤 관습도 의견을 속박하지 않고, 어떤 기술도 자연을 억압하지 않는 세계—만들어내는 것이, 시인의 상상력을 기쁘게 한다는 이유만으로 시민적 질서와 갈등을 빚게 될 것인가. 시인이 그리는 그림에서 정열이 가장 화려한 색채로 빛나고, 법칙이나 의무와 갈등을 일으켜도 정열이 승리하게 된다면 그 같은 정열이 그 어떤 위험한 변증법인들 배우지 않을 것인가?

전에는 사회적 교제에서 진실이 지배했는데 이제는 〔진실 대신〕 아름다움이 법칙을 제공하고, 오직 업적을 통해 얻어야 할 〔사회적〕 존경을 외적인 인상이 결정하게 된다면 사회는 그런 상황에서 대체 무엇을 얻을 것인가? 겉모습에 즐거운 효과를 만들어내고 사회에 특정한 가치를 부여하는 여러 미덕들이 활짝 피어나는 것을 보게 되겠지만, 그 대신 온갖 허풍이 판치고 아름다움의 껍질을 둘러쓴 악덕이 유행하는 것도 보게 될 것이다.

실제로 역사에서 예술이 꽃을 피우고 취향이 지배한 거의 모든 시대에서 인성이 타락한 것을 볼 수 있습니다. 또 한 민족에게서 미적인 문화가 높은 수준에 이르고 광범위하게 전파되어 있어도 그것이 정치적 자유 및 시민적 덕성과 나란히 발전한 경우가 단 한 번도 없었다는 점, 아름다운 관습이 선한 관습과 나란히, 태도의 세련됨이 그 진실성과 나란히 발전한 경우는 역사에서 단 하나의 예도 찾을 수 없다는 사실은 분명 깊은 생각을 하게 만드는 점입니다.

아테네와 **스파르타**가 각각 독립을 유지하고 법칙을 존중하는 것이 그 국가의 토대를 이루고 있는 동안 취향은 성숙하지 못했고 예술은 유년기에 머물렀으며, 아름다움이 사람들의 마음을 장악하기에는 아직 부족한 것이 많았지요. 물론 시예술이 주목할 만한 비상을 하고 있었지만 그것은 오직 천재의 날개를 통해서였을 뿐, 우리가 아는 그대로 그것은 야만성과 나란히 경계를 이룬 채 어둠 속에서 빛나는 빛이었을 뿐입니다. 그러므로 그것은 시대의 취향을 증언한다기보다 오히려 시대의 취향이 아닌 것을 증언하고 있습니다.

페리클레스 시대와 알렉산드로스 대왕 치하에서 예술의 황금시대가 등장하고 취향의 지배가 일반화되었을 때 그리스라는 국가의 힘과 자유는 더 이상 찾아볼 수 없게 되었습니다. 〔이 시대에〕 변론술은 진실을 왜곡하고, 소크라테스의 입에서 나온 지혜는 〔사람들을〕 모욕하는 것이었으며, 포키온의 생애에 드러난 미덕 또한 〔다른 사람들에게는〕 모독이었지요.

우리가 잘 알고 있듯이 **로마인**들이 처음 내전으로 힘을 소진하고, 그다음 동방의 사치로 기력이 쇠해져 마침내 황제의 권위의 질곡 아래 몸을 굽히고 나서야 그리스 예술이 그들의 품성의 완강함을 누르고 승리를 거두었지요. **아랍인**들의 경우도 전사적인 정신의 에너지가 아바스 왕조의 왕홀 아래에서 기력이 약해지기 전까지 문화의 여명은 동트지 않았습니다. 근대 **이탈리아**에서도 저 찬란한 롬바르디아 동맹이 깨지고 피렌체가 메디치가에 종속되고, 모든 용맹스런 도시국가에서 독립 정신이 명예롭지 못한 복종에 자리를 내주기 전까지 아름다운 예술은 나타나지 않았습니다.

근대국가의 경우도 〔정치적〕 독립성이 줄어드는 정도에 비례해 사람들이 점점 세련되어진 예가 너무 많아 그것을 상기시키는 일이 거의 필요 없을 정도이지요. 과거의 어느 세계로 눈을 돌려도 미적 취향과 〔정치적〕 자유는 서로 상극이며, 오직 영웅적 미덕들의 몰락 위에서만 아름다움이 그 지배의 터전을 세운 것을 볼 수 있습니다.

그런데 미적인 문화를 얻기 위해 희생되곤 하는 품성의 이런 에너지야말로 인간에게 있는 위대하고도 탁월한 요소의 가장 효율적인 용수철이므로, 이것의〔품성의 에너지〕 결핍은 다른 어떤 것, 아무리 훌륭한 장점으로도 대체할 수 없는 것이지요. 그러므로 아름다움의 영향에 대해 지금까지의 경험들이 가르쳐주는 것만 보면 실제로 감정을 함양한다는 것이 매우 고무적인 일일 수만은 없습니다. 감정이 인간의 참된 문명화에 그토록 위험한 것이라니 말입니다. 차라리 거칠음과 가혹함의 위험을 무릅쓰고라도 쇠약하게 만드는 아름다움의 힘이, 없이 지내는 편이 섬세화의 온갖 이점에도 불구하고 품성을 약화시키는 힘에 자신을 내맡기는 편보다 더 나을 것입니다.

하지만 어쩌면 경험은 이 문제를 다룰 판관이 아닐지도 모릅니다. 또한 경험의 증언에 중요성을 부여하기 전에 지금 우리가 주제로 삼고 있는 아름다움이, 역사적 예들이 불리한 증언을 하고 있는 아름다움과 같은 것인지를 먼저 분명히 해둘 필요가 있을 것 같군요. 우리의 탐구 대상은 경험과는 다른 원천에서 나온 개념을 전제로 한 것으로 보입니다. 경험에서 아름답다고 일컬어지는 것이 과연 정당하게 아름다움이라는 이름을 가질 수 있는가 하는 것 자체가 오직 이 개념에 비추어서만 확인되는 것이기 때문이지요.

아름다움의 이 같은 순수한 **이성적 개념**은 그것이 모습을 드러내 보인다면 — 그 개념은 실제의 경우에서 이끌어낼 수 있는 것이 아니고, 오히려 실제의 경우에 대한 우리의 판단을 바르게 고쳐주며 또한 우리의 판단을 이끌어가는 것이기에 — 추상의 길을 통해 탐구되어야 하고, 우리의 감각·이성적 본성의 가능성 자체에서 도출될 수 있는 것이어야 합니다. 한마디로 말하면 아름다움이야말로 인성의 필수조건임을 밝혀내야 한다는 말이지요.

이제 우리는 인성의 순수한 개념으로 올라서야 합니다. 경험은 개별적 인간들의 개별적 상태만을 보여줄 뿐 인성 자체를 보여주지 못하므로, 우리는 개별적이고 끊임없이 변하는 이런 현상들에서 불변하는 절대적인 것을 찾아내야 하고, 모든 우연적인 요소들의 한계를 제거함으로써 개별적 존재들의 필수조건을 알아내야 합니다. 이런 선험적인〔transzendental, 경험 이전의, 경험과 무관한, 초월적인〕 방식이 친밀한 현상의 영역과 사물의 생생한 현재에서 잠시 우리를 멀리 떼어놓겠지만, 우리는 이제 그 무엇에도 흔들리지 않는 확고한 인식의 근거를 지향하게 됩니다. 그리고 현실을 넘어서지 못하는 자는 결코 진리를 차지하지 못할 것입니다.

제3장

선험적 관찰

[아름다움의 작용에 대한]

—칸트의 용어와 사유를 기반으로

열하나째 편지

개성과 상태

추상이 도달할 수 있는 최고 높이에 이르면 추상이 마침내 멈추면서 한계를 인정하지 않을 수 없는 두 개의 궁극적인 개념에 도달하게 됩니다. 그리고 인간의 내면에서 불변하는 어떤 것과 끊임없이 변하는 어떤 것을 구분합니다. 불변하는 것을 그의 개성Person이라 부르고, 변하는 것을 그의 상태Zustand라고 부릅니다.

개성과 상태 — 자신과 그 결정적인 속성들 — 절대자에게는 동일하지만, 유한한 존재에게는 영원히 둘로 갈라져 있는 것. 개성이 아무리 불변이라고 해도 상태는 변하며, 상태가 아무리 변해도 개성은 불변입니다. 우리는 휴식에서 활동으로, 정열에서 무심으로, 일치에서 대립으로 변해가지만, **우리**는 항상 있으며 **우리에게서** 직접 유래한 것 또한 그대로입니다. 절대 존재의 경우에만 그 개성과 함께 결정적인 속성들도 불변인 채로 있습니다. 이 모든 속성이 직접 개성**에서** 흘러나오기 때문이지요. 신성神性이란 존재한다는 **이유**만으로 이미 신성입니다. 신성은 영원하기 때문에 영원히 '모든 것'입니다.

유한한 존재인 인간의 개성과 상태는 서로 다르므로 상태가 개성을 근거로 하거나 개성이 상태를 근거로 할 수 없습니다. 상태가 개성을 근거로 한다면 상태가 불변하는 것이 될 것이며, 개성이 상태를 근거로 한다면 개성이 변하는 것이 될 테니까요. 그렇게 되면 개성이나 유한성 둘 가운데 하나가 사라져버릴 것입니다.

우리는 사고하고 의지意志하고 지각하기 때문에 존재하는 것이 아닙니다. 우리는 존재하기 때문에 존재합니다. 또 우리가 존재하기 때문이 아니라 우리 바깥에 다른 무엇이 존재하기 때문에 우리는 지각하고 사고하고 의지하는 것입니다.

그러므로 개성은 스스로 자신의 근거임이 분명합니다. 불변하는 것이 변화에서 나올 리 없기 때문이지요. 따라서 첫째, 우리는 자기 자신에만 근거한 존재의 이념, 즉 절대성의 이념인 **자유**를 가진다고 할 수 있습니다. 상태는 하나의 근거를 갖는 것이 분명합니다. 상태는 개성을 통해 존재하는 것이 아니므로, 즉 절대적인 것이 아니므로 무엇인가에서 **나온** 것이 분명합니다. 둘째, 우리는 종속적인 존재의 조건 또는 생성Werden의 조건인 **시간**을 가진다고 할 수 있습니다. '시간은 모든 생성의 조건'이라는 말은 결국 동어반복입니다. 이 명제는 '연속은 어떤 것이 뒤따라 나오기 위한 조건'이라는 뜻이기 때문입니다.

영구히 불변하는 **자아**의 모습으로 또한 오로지 그런 모습으로만 구현되는 개성은 생성될 수 없고 시간 속에 그 기원을 가질 수도 없습니다. 반대로 시간이 개성에서 시작하고 있음이 분명합니다. 불변하는 무엇이 변화의 근거가 되기 때문이지요. 변화가 일어나려면 변화할 그 무엇이 있어야 합니다. 그러므로 그 무엇 자체가 변화일 리 없습니다. 꽃이 피고 진다고 말하면 우리는 이 변화 과정에서 '꽃'을 불변하는 무엇으로 여기는 것입니다. 즉 우리는 꽃에 개성의 특성을 부여하는 것인데, 이런 개성에 두 가지〔피고 지는〕 상태가 나타나는 것입니다.

인간은 먼저 생성되어야 하는 것이라는 말이 앞의 설명에 대한 반박이 되지는 못합니다. 인간은 개성 자체가 아니고, 특정한 상태에 있는 개성이기 때문입니다. 모든 상태, 즉 모든 규정된 존재는 시간 안에서 생성되는 것이고, 현상으로 나타나는 인간도 시작을 갖지 않을 수 없습니다. 그의 안에 있는 순수한 지성이 항구적인 것이라 해도 그렇습니다. 시간 없이는, 즉 생성되지 않고 인간은 결코 규정된 존재가 될 수 없습니다. 그의 개성은 가능성으로는 존재하겠지만 실제로 존재하지는 못할 것입니다. 불변하는 자아는 오직 표상들의 연속을 통해서만 현상으로서의 자신이 되는 것입니다.

인간은 최고의 지성〔신〕이 그 자신으로부터 만들어내는 활동의 재료 또는 현실을 먼저 **받아들여야** 합니다. 인간은 지각의 과정에서 현실을 받아들이는데, 공간상으로는 자기 밖에 있는 무언가로, 시간상으로는 자기 안에서 변하는 무언가로 받아들입니다. 결코 변하지 않는 자아가 그의 내면에서 계속 변하는 이 같은 재료와 항상 함께 있습니다. 그리고 이 모든 변화 속에서 **그는** 항상 그 자신으로 있습니다. 자신이 지각한 것을 경험으로, 다시 말해 의미 있는 인식의 단위로 만들고, 시간 속에서의 자신의 모든 존재 형태를 항구적인 타당한 법칙으로 만들라는 것이 이성적 천성이 그에게 내린 명령입니다.

오직 변화함으로써만 그는 **존재합니다**. 오직 불변인 채로 있음으로써만 **그가** 존재합니다. 그러므로 인간은 그 완전한 모습을 상상해보면 변화의 흐름 한가운데에서 항구적으로 자기 자신으로 남아 있는 불변의 통일체라 할 수 있을 것입니다.

무한한 존재, 즉 신성이 **생성**될 수는 없지만 그래도 우리는 다음과 같은 성향을 신적인 것이라 부르지 않을 수 없습니다. 즉 능력의 절대적인 발현(가능한 모든 일을 실현시키는 것)과 현상의 절대적인 통일(모든 현실적인 것의 필연성)이라는 신의 가장 특징적인 속성을 자신의 영원한 과제로 만드는 성향 말이지요. 인간은 신성의 소질을 모순 없이 자신의 개성 안에 지니고 있지요. 신성에 이르는 길은—결코 목적지에 도달하지 못하는 것을 길이라 부를 수 있다면—**감각**을 통해 인간에게 열려 있습니다.

온갖 감각적 재료에서 분리시켜 그 자체로만 관찰해보면 그의 개성이란 가능한 무한한 발현을 위한 소질에 지나지 않습니다. 그가 보고 느끼고[지각] 하지 않는 한 그는 형식이자 비어 있는 가능성에 지나지 않습니다. 온갖 정신적 활동에서 분리해 그 자체로만 보면 그의 감각성은 감각성 없이는 형식일 뿐인 인간을 물질로 만들 수 있지만, 결코 물질을 인간과 하나로 통합할 수는 없습니다.

그가 단순히 지각하고 욕망하며, 단순한 욕망으로부터만 행동하는 한 그는 **세계**Welt에 지나지 않습니다. 세계라는 명칭을 형식이 없는, 시간의 내용이라고 이해한다면 말이지요. 그의 잠재적 능력을 활동의 힘으로 만들 수 있는 것은 오직 그의 감각성뿐이지만 그의 활동을 그 자신의 것으로 만들어주는 것은 그의 개성입니다. 그러므로 단순한 세계가 되지 않기 위해서 그는 물질에 형식을 부여해야 합니다. 단순한 형식이 되지 않기 위해서 그는 자기 안에 지니고 있는 소질에 현실성을 부여해야 합니다. 시간[의 개념]을 만들어내고 불변하는 것에 맞서 변화를, 자아의 불변하는 통일성에 맞서 세계의 다양성을 내세우면 인간은 형식을 현실로 만드는 것입니다. 그리고 시간을 다시금 중지시키고 변화 속에서 불변성을 찾아내고, 세계의 다양성을 자기 자아의 통일성에 종속하게 만들면 그는 재료에 형식을 부여하는 것이 됩니다.

이로부터 인간을 향한 두 가지 상반된 요구, 즉 그의 감각적-이성적 본성의 두 가지 법칙이 나타납니다. 첫 번째 법칙은 절대적 **현실화**를 지향합니다. 이것은 단순히 형식일 뿐인 것을 세계로 만들어야 하고, 자신의 모든 소질이 완전히 드러나도록 해야 합니다. 두 번째 법칙은 절대적 **형식화**를 지향합니다. 이것은 단순히 세계일 뿐인 것을 자기 안에서 모두 없애버리고 자신의 온갖 변화 안으로 일치성을 도입해야 합니다. 다시 말하면 그는 자기 안에 있는 모든 것을 밖으로 드러내야 하고, 자기 밖에 있는 모든 것에 형식을 부여해야 합니다. 이 두 가지 과업은 그것이 최고도로 실현되었을 경우를 가정해보면 내가 출발점으로 삼았던 신성의 개념으로 되돌아가는 것입니다.

두 가지 충동—감각충동과 형식충동

내면에 있는 필연성을 현실화하고, **외부에** 있는 현실적인 것을 필연성의 법칙에 종속시켜야 한다는 이 이중의 과제를 실현하기 위해서는 두 개의 상반되는 힘의 추진을 받게 되는데, 이 힘들은 각자의 대상을 현실화하도록 우리를 부추기므로 충동Trieb이라 부르는 것이 타당할 것입니다. 이 충동 가운데 첫 번째 것을 나는 **감각적 충동**der sinnliche Trieb이라 부르고자 합니다.

감각적 충동은 인간의 물리적 현존〔일상적 삶〕 또는 감각적 본성에서 나온 것으로, 인간을 시간의 한계 안으로 이끌어 물질로 만드는 것입니다. 그렇다고 해서 인간에게 물질을 부여하는 것은 아닙니다. 이 같은 일은 개성의 자유로운 활동에 속하는데, 개성만이 물질을 받아들이고 그것을 불변하는 존재인 자기 자신과 구분할 수 있기 때문입니다. 여기서 물질이란 시간을 가득 채우는 변화 또는 현실을 뜻합니다. 따라서 이 충동은 변화가 일어날 것을, 시간이 내용을 가질 것을 요구합니다. 내용으로 채워진 시간에 불과한 이런 상태를 감각〔Empfindung, 느낌〕이라고 하는

데, 물리적 현존은 감각을 통해서만 자신을 알릴 수 있습니다.

시간 속에 존재하는 것은 모두 **차례로** 존재하기 때문에 무엇이 존재한다는 것은 그 밖의 다른 것을 모두 배제한다는 뜻입니다. 어떤 악기로 하나의 음을 내게 되면 그 악기가 낼 수 있는 모든 음 가운데에서 오직 이 하나의 음만이 실현됩니다. 인간은 현재를 느낌으로써 무한히 가능한 그의 규정들이 오직 현재의 이 양상으로만 한정됩니다.

따라서 감각적 충동이 배제하면서 활동하는 곳에는 필연적으로 최고의 제한이 존재하게 됩니다. 이런 상태에서 인간은 부피 단위[몸뚱이]에 지나지 않으며, 내용으로 채워진 순간에 불과합니다. 또한 그는 아예 존재하지 않습니다. 왜냐하면 느낌이 그를 지배하고 시간이 그를 이끌어가는 한 그의 개성은 정지되어 있으니까요.●

인간이 유한한 존재인 한에서는 이 감각적 충동[감각충동]이 지배합니다. 형식은 오로지 물질의 형태로만 나타나고, 절대적인 것은 제한의 수단을 통해서만 나타나므로 실로 인성의 현상 전체가 궁극적으로는 감각

● 느낌의 지배 아래서 나타나는 자기의 상실 상태에 대해 우리는 매우 정확한 표현을 갖고 있다. "제정신이 아니다außer sich sein"라는 표현은 자아에서 벗어나 있음을 뜻한다. 이런 표현은 느낌이 정열이 되고 그런 상태가 지속되어 남의 눈에 띄는 경우 사용되는 것이기는 하지만, 어느 누구라도 오로지 느끼기만 하는 상태에 있을 때는 제정신이 아닌 것이다. 이런 상태에서 회복되는 것을 "제정신을 차린다in sich gehen"라고 한다. 이것은 자기 자아로 돌아온다, 자신의 개성을 회복한다는 뜻이다. 혼수상태에 빠진 사람은 제정신이 아니라고 말하지 않고 "정신을 잃었다er ist von sich"라고 한다. 제정신이 아니라는 말이 자아 안에 있지 않다는 뜻이라면, 이것은 자아를 잃었다는 뜻이다. 따라서 혼수상태에서 깨어난 사람은 "정신이 들게er ist bei sich" 되는데, 이것은 제정신이 아닌 상태와는 여전히 양립이 가능하다.

충동에 매여 있는 것입니다. 그러나 비록 감각충동만이 인성의 잠재적 능력을 일깨우고 발전시키는 것이라고는 하나, 그 능력의 완전한 성취를 불가능하게 하는 것 또한 감각충동입니다.

감각충동은 파괴할 수 없는 쇠사슬을 동원해 더 높이 날아오르려는 정신을 감각세계에 붙들어매고, 아주 홀가분하게 무한성 속으로 들어가려는 추상抽象을 현재의 한계 안으로 다시 불러들입니다. 사색이 잠시 감각충동에서 벗어날 수도 있고, 확고한 의지력이 감각충동의 요구들에 맞서 승리를 거두기도 합니다만, 곧 억눌린 본성이 제 권리를 되찾고 존재의 현실을 향해, 또 우리 인식의 내용과 행위의 목적을 향해 우리를 몰아갑니다.

저 충동 가운데 두 번째는 **형식충동**Formtrieb이라 부를 수 있는 것으로, 이는 인간의 절대적 현존[삶] 또는 이성적 본성에서 나오는 것입니다. 이것은 인간을 자유로 이끌고, 그의 삶의 다양한 양상에 조화를 도입하고, 상태의 온갖 변화 속에서도 그의 개성을 유지하도록 합니다. 나눌 수 없는 절대적 통일체인 개성은 자기 자신과 결코 모순될 리 없기 때문에, 즉 **우리는 언제까지나 우리 자신이기 때문에** 개성의 유지를 추구하는 이 충동은 자신이 항구적으로 요구하지 않으면 안 되는 것만을 언제나 요구합니다.

그러므로 이 충동은 지금 결정한 그대로 언제나 그렇게 결정하며, 항구적으로 명령할 것만을 현재에도 명령하는 것입니다. 따라서 이 충동은 시간의 전체 흐름을 포괄하는데, 이 말은 다음과 같은 뜻입니다. 이 충동은 시간을 없애고 변화를 없앱니다. 즉 현실적인 것이 필연적이고 영원한 것이 되기를, 또한 영원하고 필연적인 것이 현실이 되기를 바랍니다. 다른 말로 하면 이것은 진리와 올바름을 향합니다.

감각충동이 오직 여러 **경우**만을 만들어낸다면 형식충동은 **법칙들**을 제시합니다. 지식의 문제에서는 각각의 판단을 위한 법칙들을, 행위의 문제에서는 각각의 의지意志를 위한 법칙들을 제시하는 것이지요. 우리가 하나의 대상을 인식하거나 우리 주체의 어떤 상태에 객관적인 타당성을 부여하는 경우 또는 우리가 인식에 근거해 행동하거나 객관성을 자신의 상태의 결정적 근거로 만드는 경우에 우리는 상태를 시간의 관할권에서 빼내 거기에 모든 시대, 모든 인간에게 타당한 현실, 다시 말해서 보편성과 필연성을 인정해줍니다. 감정은 오직 이렇게만 말할 수 있습니다. 즉 **이 주체에게**, 그리고 **이 순간에는** 이것이 참이지만 다른 순간 다른 주체가 나타나 현재의 이 감정을 뒤집을 수도 있다고 말이지요.

그러나 사상이 한번 **이렇다**고 발언하면 그것은 항구적으로 그런 것이고, 그 진술의 타당성은 온갖 변화에 저항하는 개성 자체를 통해 보증된 것입니다. 성향은 다음과 같이 말할 수 있을 뿐이지요. 그것은 "**개체로서의 너를 위해**, 그리고 **너의 현재의 필요성을 위해서는 좋다**. 그러나 너의 개체성과 너의 현재의 필요성은 변화를 통해 사라질 수도 있으므로, 네가 지금 열렬히 갈구하는 그것이 언젠가는 너의 혐오의 대상이 될 수도 있다"고 말입니다. 그러나 도덕적 감정이 한번 **이것은 이래야 한다**고 말하면 그것은 항구적으로 그런 것입니다. 네가 진리를, 그것이 진리이기 때문에 진리라고 한번 고백하면, 그리고 정의를 그것이 정의이기 때문에 한번 행하면 너는 개별적인 경우를 모든 경우에 타당한 법칙으로 만든 것이며, 네 삶의 한순간을 영원으로 취급한 것이라고 말입니다.

그러므로 형식충동이 지배하고 우리 내면에서 순수한 객관이 행동하는 경우에는 존재가 최고로 확장되는 것을 볼 수 있습니다. 모든 제한은 사라지고, 인간은 보잘것없는 부피 단위에서 현상계 전체를 포괄하는 **이념 단위**로 올라서는 것이지요. 이런 조작이 이루어지는 동안 우리는 시간 속에 있지 않고 시간이 그 끝없는 연속성을 간직한 채 우리 안에 있게 됩니다. 우리는 더 이상 개체가 아닌 종種이 됩니다. 모든 정신의 판단이 우리 정신을 통해 표현되고, 우리의 행위가 모든 심정의 선택을 대표하게 됩니다.

두 충동은 서로 제한한다

얼핏 보면 이 두 충동의 경향보다 더욱 서로 상반되는 것은 없는 듯해 보입니다. 하나는 변화를, 다른 하나는 불변성을 향하니까요. 게다가 이 두 충동이 인성의 개념을 모두 다 차지해버리기 때문에 두 충동을 연결시켜 줄지도 모를 세 번째 기본 충동이란 생각할 수도 없습니다. 그렇다면 어떻게 우리는 이 원천적이고 과격한 대립으로 인해 완전히 해체된 듯해 보이는 인간 본성의 통일을 회복할 수 있을까요?

두 충동의 **경향**이 서로 대립하는 것은 사실이지만, **동일한 대상**에서 대립하는 것은 아니라는 점을 여기서 지적해야겠군요. 서로 만나지 않는 것은 부딪칠 수도 없습니다. 감각충동은 변화를 요구하지만, 개성과 그 영역에까지 변화를 확장하려는 것은 아닙니다. 그러므로 원칙들의 변화를 요구하는 것은 아니지요. 형식충동은 통일과 지속성을 지향하지만, 상태가 개성처럼 고정되기를 바라는 것은 아닙니다. 즉 느낌의 아이덴티티[정체성]가 존재하기를 바라는 것은 아니라는 말이지요. 그러므로 이 두 가지 충동은 본성상 부딪치는 것이 아닙니다. 그런데도 그렇게 보인다면 그것은 두 충동이 제각기 자신을 잘 모르고 자신의 영역을 혼동하면서 멋대로 본성의 영역을 침범해 생겨난 일입니다.•

이 두 충동을 감시하고 그 각자에게 한계를 확보해주는 것이 **문화**〔교육〕의 과제입니다. 또한 문화는 이 두 충동에 똑같이 공정해야 할 의무가 있습니다. 즉 감각충동에 맞서 이성〔형식〕충동을, 이성충동에 맞서 감각충동을 계속 유지할 의무를 지니는 것입니다. 그러므로 문화〔교육〕의 작업은 이중적입니다. **첫째**, 자유의 침입에 맞서 감각성을 보존하는 것

• 이 두 충동 사이에 원천적인 그래서 필연적인 대립이 존재한다고 가정한다면, 감각충동을 무조건 이성〔형식〕충동에 **종속시키는** 방법 외에는 인간에게서 통일성을 유지할 방법이 달리 없다. 그러나 그렇게 할 경우 획일성만 있을 뿐 조화란 생겨날 수 없으며, 인간은 앞으로도 언제까지나 분열되어 있을 것이다. 물론 종속은 필요하지만 상호종속이어야 한다. 제한은 결코 절대성의 근거가 될 수 없으며, 자유는 시간에 의존하지 않지만 그와 똑같이 절대성이 제한의 근거가 될 수는 없으며, 시간 속의 상태는 자유에 근거하지 않는다. 그러므로 이 두 원칙은 종속되어 있음과 동시에 서로 대등하다. 즉 두 원칙은 상호작용의 관계에 있다. 형식 없이는 물질도 없고, 물질 없이는 형식도 없다(이런 상호작용의 개념과 그 중요성은 피히테의 《학문론Grundlage der gesamten Wissenschaftslehre》(Leipzig, 1794)에서 잘 다루어지고 있다).
이념의 영역에서 사물이 개성과 어떤 관계에 있는지 솔직히 우리는 알지 못한다. 그러나 물질을 받아들이지 않으면 개성이 시간의 영역에 나타날 수 없다는 것만큼은 분명히 알고 있다. 그러므로 이 영역에서 물질은 형식에 대해 단순히 **종속적인** 역할만을 하는 것이 아니라 형식과 **대등한** 역할을 하는 것이며, 형식으로부터 독립적으로 무엇을 결정할 수도 있다. 그러므로 감정이 이성의 영역에서 아무런 결정권을 가져서는 안 되듯 이성도 감정의 영역에서 감히 무엇을 결정하려고 해서는 안 된다. 이성과 감정에 각각 고유의 영역을 부여함으로써 우리는 그들 각각을 서로에게서 배제하고, 또한 그 각각에게 한계를 제시하는 것이다. 이 한계를 넘어서는 것은 **모두에게 불리할** 뿐이다.
형식을 내용에서 자유롭게 하는 것과 모든 우연의 요소를 제거해 순수한 필연성을 지키는 것에만 관심을 두는 선험적〔초월적〕 철학 방법에서는 물질을 단순히 방해로만 여기고, 감각성이 이런 작업에 방해가 되므로 감각성이 이성과 대립관계에 있을 것이라고 상상하는 일이 매우 쉽게 일어난다. 이런 사고방식은 칸트 방식 체계의 **정신**에는 결코 존재하지 않지만, 그 체계의 **문자**에서는 쉽게 발견할 수 있다.

과 **둘째**, 감각성의 힘에 맞서 개성을 안전하게 지키는 일입니다. 첫 번째 일은 감정 능력을 발전시킴으로써, 두 번째 일은 이성 능력을 발전시킴으로써 달성할 수 있습니다.

세계는 시간 안에 펼쳐진 것, 다시 말해서 변화이기 때문에 인간을 세계와 결합시키는 능력의 완전성은 최고의 변화 가능성과 최고의 확장 가능성[외연]을 유지하려는 노력이 아닐 수 없습니다. 개성은 변화 속에서의 지속인만큼 변화에 맞서는 이 능력의 완전성은 최고의 독자성과 최고의 집중[내연]이 아닐 수 없습니다. 감수성이 다양하게 발전할수록, 활발할수록, 그리고 현상에 더 많은 표면성을 제공할수록 인간은 세계를 더욱더 많이 **장악하고**ergreifen, 더욱 많은 소질을 자기 안에서 발전시키게 됩니다. 개성이 힘과 깊이를 얻고 이성이 자유를 많이 가질수록 인간은 세계를 더욱 많이 **파악하고**begreifen 더 많은 형식을 자기 밖에 창조합니다.

그러므로 인간의 교육은 다음과 같은 것이 되어야겠지요. **첫째**, 수용하는 능력[감수 능력, 감수성]은 세계와 매우 다양한 접촉을 하게 해주고, 감정의 영역에서 수동성Passivität을 최고로 끌어올립니다. **둘째**, 규정하는 능력[사고력]은 수용하는 능력에서부터의 독립성을 최대한 확보해주고, 이성의 영역에서 능동성Aktivität을 최고도로 끌어올립니다. 이 두 특성이 결합될 경우 인간은 현존재[삶]의 최고 충만함을 최고 독자성 및 자유와 결합시키고, 세계에 부딪쳐 자신을 잃어버리는 것이 아니라 오히려 무한한 현상들을 지닌 세계를 자신 안에 끌어들여 자신의 이성의 통일성 아래 종속시키게 됩니다.

그러나 인간은 이런 관계를 **거꾸로 뒤집어서** 이중의 방법으로 자기규정을 그르칠 수도 있지요. 능동적인 기능이 요구하는 집중〔내연〕을 수동적인 기능 쪽에 주어 물질〔감각〕충동이 형식충동을 침범하면서 수용 능력을 규정 능력으로 만들 수 있습니다. 또는 수동적인 힘에 어울리는 확장 가능성을 능동적인 기능 쪽에 주어 형식충동이 물질충동을 침범하면서 규정 능력을 수용 능력 밑으로 들어가게 할 수도 있습니다. 첫 번째 경우 인간은 결코 **자기 자신이** 되지 못하고, 두 번째 경우는 〔자기 자신 외에는〕 **다른 어떤 것이** 되지 못합니다. 그리하여 두 경우 모두 인간은 〔둘 가운데〕 **어느 쪽도 되지 못할** 것이며, 결국은 아무것도 아닌 것이 될 것입니다.●

● 과도한 감성이 우리의 사유와 행위에 미치는 나쁜 영향은 모든 사람의 눈에 쉽게 띈다. 〔그에 비해〕 과도한 합리성이 우리의 인식과 행동에 미치는 불리한 영향도 똑같이 자주 일어나고, 똑같이 심각한 일인데도 그렇게 쉽사리 눈에 띄지 않는다. 그래서 여기 해당하는 수많은 경우 가운데 두 가지 예를 드는 것을 허용해주기 바란다. 그것은 사고력과 의지력이 직관과 감성을 침해하는 경우에 생기는 손해를 보여준다.

우리의 자연과학이 그토록 느리게 발전하는 주요 이유 가운데 하나는 분명히 목적론적인 판단을 향한 매우 일반적이고 거의 통제할 수 없는 성향 때문인데, 이런 목적론적 판단들이 핵심적인konstitutive 역할을 하게 되면 바로 규정 능력이 수용 능력 밑으로 들어가게 된다. 자연이 우리의 감각기관에 아무리 강하게 여러 형태의 자극을 주어도, 그 모든 다양성이 우리에게서 효력을 상실한다. 우리 스스로 자연 안으로 밀어 넣은 것 외에는 다른 것을 보려 하지 않으며, 자연이 우리에게 **들어오는** 것을 허용하지 않고 오히려 우리 이성의 초조한 기대감만 지닌 채 억지로 우리 자신을 **자연 속으로** 밀어 넣기 때문이다. 그러다가 수백 년 만에 누군가 고요하고 순결한 열린 감각으로 자연에 접근해 우리가 스스로의 편견 때문에 보지 못했던 수많은 현상들을 발견하면 우리는 그토록 많은 눈들이 그토록 분명한 빛 속에서 아무것도 보지 못했던 것에 놀라게 된다. 화음을 이룰 개별적인 음들을 다 모으기도 전에 너무 서둘러 화음을 갈망하는 것, 사고력이 절대적 명령권을 갖지 않은 영역에서도 폭력적으로 권위를 찬탈해 멋대로 차지하는 것, 그것이 바로 그렇게도 많은 두뇌들이 과학의 발달을 위해 아무런 결실도 맺지 못한 이유이다. 그런 만큼 우리 자신의 발전에 해를 더 많이 끼친 것이 형식을 받아들이지 않은 감각성인지 아니면 내용을 기다리지 않은 형식인지 판단하기 어렵게 된다.

왜냐하면 감각충동이 규정하면서 감각이 입법자의 역할을 맡고 세계가 개성을 억압하면 세계가 힘이 된 그만큼 대상이기를 중지하기 때문입니다. 인간이 단순히 시간의 내용이 되는 순간 이미 **그는** 존재하기를 멈추며, 따라서 그에게는 내용도 **없어**지지요. 그의 개성이 중지됨과 동시에 그의 상태도 중지되는데, 이는 이 둘이 상호연관된 개념이기 때문입

또한 우리 박애정신의 실천이 어느 편의 방해를 더 받는지도 결정하기가 똑같이 어렵다. 즉 그 실천을 방해하고 냉각시키는 것이 우리 욕망의 성급함인지 아니면 우리 원칙들의 엄격함인지, 우리 감각의 이기심인지 아니면 우리 이성의 이기심인지 확실하게 말하기 어려운 것이다. 우리가 동정심을 가지고 남을 돕는 활동적인 사람이 되기 위해서는 감정과 품성이 힘을 합쳐야 한다. 마찬가지로 경험을 얻기 위해서도 활짝 열린 감각이 활기찬 지성과 결합해야 한다. 다른 사람의 본성을 진실하고 참된 태도로 우리 안에 받아들이고, 다른 사람의 상황에 몰입하고, 다른 사람의 감정을 우리 것으로 만들 능력이 우리에게 없다면 우리의 원칙들이 아무리 칭찬할 만한 것이라도 어떻게 다른 사람에 대해 공정하고 친절하고 인간적일 수 있단 말인가? 그러나 우리가 받은 교육과 우리가 스스로에게 준 교육에서는 욕망의 힘을 파괴하고 원칙들을 통해 품성을 굳건하게 하기 위해 노력한 만큼 이런 [감정 또는 공감] 능력이 억압을 받는다. 감정이 쉽게 흔들리는 상태에서는 원칙들에 충실하기 힘들기 때문에 감정을 무디게 만들어 품성을 보호하려는 한결 편한 방법을 취하는 것이다. 무장 해제시킨 적 앞에서 평화롭게 지내는 것이 용감하고 건장한 적을 제압하는 것보다 비할 수 없이 쉽기 때문이다. **한 인간을 교육한다**고 말하는 것은 대개 이런 조작 과정을 일컫는다. 단순히 외적 인간뿐 아니라 내적 인간의 교육을 뜻하는 경우 교육이란 말의 최고 의미에서 그렇다. 그렇게 교육된 인간이 거친 자연이 되거나 거친 자연으로 보이는 일은 결코 일어나지 않는다. 하지만 그는 동시에 모든 자연스런 감정에 맞서서도 원칙으로 무장하게 될 것이며, **밖으로부터 오는** 인성의 하소연이나 **내면에서 나오는** 인성의 하소연이 결코 그에게 도달하지 못할 것이다.
우리가 다른 사람을 판단하거나 또는 다른 사람을 위해 행동해야 할 경우 완전성이라는 이상을 매우 엄격한 근거로 삼는다면, 그것은 그 이상의 매우 파괴적인 오용이 된다. 남을 판단할 경우에는 망상이 될 것이요, 남을 위해 행동할 경우에는 엄격함과 냉혹함에 도달할 것이다. 생각할 때 우리가 우리에게 도움을 요청하는 **현실의** 인간 대신 분명 스스로를 잘 도울 수 있는 **이상의 인간**을 내세운다면, 우리는 자신의 사회적 의무를 매우 쉬운 것으로 만들어버리는 것이다. 자기 자신에게 엄격하고 다른 사람에게 너그러운 태도가 결합되어야 참으로 뛰어난 품성이 나타난다. 그러나 대개는 다른 사람에게 너그러운 사람은 자신에게도 너그러우며, 자신에게 엄격한 사람은 다른 사람에게도 엄격하다. 자신에게는 너그럽고 다른 사람에게 엄격한 것은 가장 경멸받을 품성이다.

니다. 변화는 지속의 원칙을 요구하고, 제한된 현실은 무한한 현실을 요구합니다.

다른 한편 형식충동이 감수성을 지니게 되면, 다시 말해서 사고력이 감정보다 시간적으로 앞서 오고 개성이 〔부당하게도〕 세계에 속하게 되면, 개성은 스스로 대상의 자리로 들어간 그만큼은 주체이며 독자적 힘이기를 멈춥니다. 왜냐하면 지속의 원칙은 자신을 드러내기 위해 변화를 요구하며, 절대적 현실은 제한을 요구하기 때문입니다. 인간이 단순히 형식이 된 순간 이미 그는 형식을 **갖지 못하게** 됩니다. 상태가 사라지면서 개성도 사라지는 것이지요. 한마디로 말하면 인간이 독자적인 한에서만 그의 밖에 현실이 존재하고, 그는 느낄 수가 있습니다. 인간이 느끼는 한에서만 그의 내면에 현실이 존재하고, 그는 사고하는 힘이 됩니다.

그러므로 두 충동은 제한을 필요로 합니다. 이 두 충동을 에너지라고 생각한다면 힘 빼기Abspannung가 필요합니다. 물질충동은 법칙의 영역을 침범하지 않도록, 그리고 형식충동은 감정의 영역을 침범하지 않도록 말이지요. 그러나 감각충동의 힘 빼기가 물리적인 무능력 상태나 감정의 둔화가 되어서는 안 됩니다. 그런 상태에서는 오직 경멸을 받을 뿐이니까요. 자유의 행동이나 개성의 활동 결과, 감각충동의 제한이 이루어져야 합니다. 개성이 그 도덕적인 집중을 통해 감각적인 집중을 누그러뜨리고, 인상들을 통제해 인상에서 깊이를 빼앗고 표면성을 부여해야 합니다. 격정에 한계를 마련해주는 것이 품성이어야 하는데, 감각은 **정신을 위한 경우에만** 위축되어도 되기 때문입니다.

마찬가지로 형식충동의 힘 빼기도 정신적인 무능력 또는 사고력이나 의지력이 무뎌진 결과로 나타나서는 안 됩니다. 그래서는 인성을 비하시킬 뿐이니까요. 감각성이 풍요로워진 결과, 형식충동의 힘 빼기가 이루어져야 합니다. 감각성 스스로가 승리하는 힘으로 자신의 영역을 고수하고, 정신이 멋대로 자신의 활동성을 동원해 감각성에게 휘두르려 하는 폭력에 맞서 스스로를 지켜야 합니다. 한마디로 개성은 물질충동을 본래 자신의 영역에 붙잡아두고, 감수성이나 자연은 형식충동을 본래의 자신의 영역 안에 붙잡아두어야 하는 것이지요.

두 충동이 동시에 상호작용을 하는 놀이충동

우리는 이제 두 충동 사이의 상호작용이라는 개념에 도달했습니다. 이는 한쪽의 활동이 다른 쪽 활동의 근거가 됨과 동시에 한정하는 관계, 상대가 활동적인 덕분에 자신도 가장 잘 드러나는 상호작용이지요.

두 충동 사이의 이 같은 상호관계는 순전히 이성의 과제이기는 하지만, 인간이 오직 자기 삶을 완성해야만 비로소 완전히 해결할 수 있는 과제입니다. 이것은 가장 엄밀한 의미에서 **인성의 이상**으로서, 인간은 시간의 흐름에 따라 거기 점점 가까워질 수는 있어도 결코 완전히 도달하지 못하는 무한한 어떤 것이지요. "인간은 자신의 현실을 희생하면서까지 형식을 추구해서도 안 되고, 형식을 희생하면서까지 현실을 추구해서도 안 된다. 오히려 그는 규정된[현실적] 존재를 통해 절대적[이상적] 존재를, 절대적 존재를 통해 규정된 존재를 추구해야 한다. 그는 개성이기 때문에 세계를 자신에 마주 세워야 하며, 세계가 자신과 마주 서 있기 때문에 개성이 되어야 한다. 그는 스스로를 의식하기 때문에 느껴야 하고, 느끼기 때문에 자신을 의식해야 한다."

인간은 이 두 충동 가운데 어느 하나를 배제한 채 오로지 다른 한쪽만을 충족시키거나 혹은 이 둘을 순차적으로 충족시키는 방식으로는 자신이 이런 이념에 어울린다는 것, 즉 말의 본래 의미에서의 인간이라는 것을 절대로 깨닫지 못합니다. 인간이 오로지 느끼기만 하는 한 그 자신의 개성 또는 절대적 존재가 그에게 비밀로 남게 되며, 오로지 사고思考만 하는 한 시간 속 그의 존재 또는 상태가 비밀로 남게 되는 탓이지요. 그러나 이 이중의 체험을 **동시에** 한다면, 즉 자유를 의식함과 동시에 자신의 삶을 느끼고, 스스로를 물질이라 느낌과 동시에 정신으로서의 자신을 깨닫는 순간이 있다면, 이 경우 그리고 오직 이런 경우에만 인간은 자신의 인성을 완전하게 바라볼 수 있게 됩니다. 그리고 이런 바라봄〔Anschauung, 관조〕을 마련해준 대상은 인간의 **실현된 규정**의 상징이 될 것이며, 따라서 (이런 실현이란 오로지 시간의 전체성 속에서만 가능하므로) 그에게는 무한성의 표현이 될 것입니다.

이 같은 경우들을 실제로 체험할 수 있다면 이런 순간들은 인간의 내면에 하나의 새로운 충동을 일깨울 것입니다. 앞에서의 두 충동이 이 〔새로운〕 충동 안에서 협동하기 때문에 이 두 충동 각각에 대해 대립적인 관계에 있으며, 따라서 정당하게 새로운 것이라고 볼 수 있는 충동이 나타나는 것이지요. 감각충동은 변화가 나타나기를, 즉 시간이 내용을 갖기를 바랍니다. 형식충동은 시간이 없어지기를, 즉 변화가 사라지기를 바랍니다. 이 두 충동을 자신 안에 결합시키는 저 충동(이 용어의 근거를 밝히기 전에 우선 이것을 **놀이충동**Spieltrieb이라 부르는 것을 용납해주십시오),

즉 놀이충동은 **시간 안에서** 시간을 없애기를 추구하며, 절대적 존재와 생성의 결합, 아이덴티티와 변화의 결합을 추구한다고 할 수 있습니다.

감각충동은 규정**되기**를 바라며 대상을 받아들이기를 바랍니다. 형식충동은 **스스로가** 규정하기를, 자신의 대상을 만들어내기를 바랍니다. 놀이충동은 자신이 만들어낸 모습 그대로를 느끼고자 하며, 감각이 받아들이기 원하는 모습 그대로를 만들어내고자 합니다.

감각충동은 자신의 주체에서 모든 독자적 활동성과 자유를 몰아냅니다. 형식충동은 자신의 주체에서 모든 의존성과 수동성을 몰아냅니다. 자유의 배제가 곧 물리적 필연성이고, 수동성의 배제가 곧 도덕적 필연성입니다. 그러므로 두 충동은 마음[Gemüt, 기질]에 강요를 행하는 것인데, 감각충동은 자연법칙을 통해, 형식충동은 이성법칙을 통해 강요합니다. 따라서 이 두 충동이 함께 작용하는 놀이충동은 마음에 도덕적·물리적인 강요를 한꺼번에 할 것입니다. 놀이충동은 모든 우연성을 없애는 것이므로 모든 강요 또한 없애며, 인간을 물리적·도덕적으로 자유롭게 할 것입니다.

우리가 경멸받아 마땅한 사람을 열정에 사로잡혀 포옹한다면 우리는 고통스럽게 **자연의 강요**를 느끼게 될 것입니다. 존경해야 할 어떤 사람에게 적대감을 느낀다면 우리는 고통스럽게 **이성의 강요**를 느낄 것입니다. 그러나 만일 그 사람이 우리 취향에 맞고 동시에 우리의 존경도 받는다면 감정의 강요나 이성의 강요는 사라지고, 우리는 그를 사랑하기 시작합니다. 즉 우리는 취향과 존경심으로 놀이를 하는 것이지요.

감각충동이 물리적인 강요를, 형식충동이 도덕적인 강요를 하는 것이라면 감각충동은 우리의 형식적 소질을 우연한 것으로 만들고, 형식충동은 우리의 물질적 소질을 우연한 것으로 만드는 것입니다. 즉 우리의 행복이 우리의 완전성과 일치할 것인가 하는 문제가 우연에 맡겨지는 것이지요. 이 두 충동이 하나가 되어 작용하는 놀이충동은 우리의 형식적 소질과 물질적 소질을 동시에 우연한 것으로, 또 우리의 완전성과 행복을 동시에 우연한 것으로 만듭니다.

놀이충동이 **둘을** 동시에 우연한 것으로 만들기 때문에 그리고 모든 강요와 더불어 우연성도 동시에 사라지므로 놀이충동은 둘 안에 있던 우연성을 다시 없애고 물질에 형식을, 형식에 물질을 도입합니다. 놀이충동이 감정과 정열에서 그 역동적인 힘을 빼앗은 만큼 그것은 감정과 정열을 이성의 이념들과 일치시키고, 이성법칙에서 도덕적인 강요를 줄인 만큼 이성법칙을 감각의 관심과 화해시키는 것입니다.

세 충동의 대상
—인간은 놀이하는 한에서만 온전한 인간이다

그다지 기운을 북돋워주지 못하는 오솔길〔선험철학의 관찰방식〕을 따라 당신을 안내해온 목적지에 이제 차츰 가까워지고 있습니다. 몇 걸음만 더 참고 따라오십시오. 그럴수록 더욱 활짝 트인 시야가 한눈에 들어오면서 멋진 전망이 먼 길의 고단함을 보상해줄 것입니다.

감각충동의 대상은 일반적인 개념으로 표현하면 가장 광범위한 의미에서의 **삶**Leben입니다. 즉 모든 물질적인 존재〔Sein, 있음〕와 감각에 직접 나타나는 모든 것을 이르는 개념입니다. 형식충동의 대상을 일반적인 개념으로 표현하면 비유적인 의미나 문자적인 의미에서의 **형성력**Gestalt입니다. 사물의 모든 형식적 특성과 이들 형식적 특성이 우리의 사고력에 대해 갖는 관계를 포함하는 개념이지요. 놀이충동의 대상은 일반적인 도식으로 설명하면 **살아 있는 형성력**lebende Gestalt이라고 할 수 있습니다. 현상의 모든 미적인 특성, 가장 넓은 의미에서 우리가 아름다움이라고 부르는 것을 지칭하는 개념입니다.

이런 설명을 통해서 보면—이것을 설명이라 할 수 있다면 말이지만—아름다움이란 살아 있는 것의 모든 영역으로 확장되는 것도 아니고, 또 오직 이 영역에만 한정되는 것도 아닙니다. 대리석 덩어리는 비록 생명이 없지만 건축가나 조각가의 힘에 의해 살아 있는 형성력이 될 수 있습니다. 인간은 살아 있고 형성력도 있지만, 그러나 살아 있는 형성력과는 거리가 멉니다. 그러기 위해서는 그의 형성력이 곧 삶이고, 그의 삶이 곧 형성력이어야 합니다.

우리가 인간의 형성력에 대해 생각만 하는 한 그것은 생명 없는 추상에 지나지 않습니다. 우리가 인간의 삶을 느끼기만 하는 한 삶은 형성력 없는 단순한 인상일 뿐입니다. 그의 형식이 우리의 감정 안에 살아 있고, 그의 삶이 우리의 이해력 안에서 스스로를 형성하는 경우에만 인간은 살아 있는 형성력이 되는데, 우리가 인간을 아름답다고 판단하는 경우에는 언제나 그렇습니다.

하지만 결합해서 아름다움을 만들어내는 구성요소들을 우리가 열거할 줄 안다고 해서 그것이 곧 아름다움의 기원을 설명한 것이라고는 결코 이야기할 수 없습니다. 그러기 위해서는 정말로 그 **결합 자체**를 이해해야 하기 때문입니다. 그런데 이런 결합은 유한한 것과 무한한 것 사이의 상호작용이 늘 그렇듯이 우리가 탐색할 수 없는 것입니다.

이성理性은 선험적인[경험 이전의] 이유들에서 다음과 같이 요구합니다. 형식충동과 물질충동 사이에 하나의 공통점이 있어야 한다, 곧 놀이충동이 있어야 한다고 말이지요. 왜냐하면 오직 현실과 형식의 결합, 우연성과 필연성의 결합, 수동성과 자유의 결합만이 인성의 개념을 완성하는 것이기 때문입니다. 이성은 이 같은 요구를 하지 않으면 안 됩니다. 그것이 이성이기 때문에, 그리고 이성은 그 본질상 완성을 지향하고, 모든 제한의 철폐를 지향하기 때문입니다. 어느 한 충동의 독점적인 활동은 인성을 불완전하게 만들고, 인성에 나타나는 한계의 근거가 되기 때문입니다. 그러므로 인성이 존재해야 한다고 이성이 발언하면, 그 발언을 통해 이미 이성은 아름다움이 있어야 한다는 법칙을 내세운 것입니다. 아름다움이 존재하는가 하는 물음에 대해서는 경험이 답을 해줄 것입니다. 인성이 존재하는지를 경험이 가르쳐주면 우리는 그 답을 알게 될 것입니다. 그러나 **어떻게** 아름다움이 가능한가 하는 것에 대해서는 이성도 경험도 우리에게 아무 말도 해주지 못합니다.

우리가 알고 있는 바이지만 인간이란 전적으로 물질만도 정신만도 아닙니다. 그러므로 인성의 총체로서의 아름다움은 경험의 증언에만 의존하는 저 예리한 관찰자들이 주장하듯이, 그리고 우리 시대의 취향이 아름다움을 그리로 끌어내리고자 하듯이 전적으로 삶일 수만은 없습니다. 그렇다고 해서 경험에서 너무 멀어진 사변철학자나 아름다움을 설명하면서 지나치게 예술의 요구에만 치중하는 철학적인 성향의 예술가가 판단하듯이 전적으로 형성력일 수만도 없습니다.*

아름다움은 두 충동의 공통 대상이며, 따라서 놀이충동의 대상입니다. 주관적으로나 객관적으로 우연하지 않으며, 내적으로나 외적으로 어떤 강요도 받지 않는 모든 것을 놀이라는 말로 표현하는 언어 사용법은 놀이충동이라는 이 명칭을 완벽하게 정당화시켜줍니다. 아름다움을 바라볼 때의 마음은 다행히도 법칙의 영역과 물리적 필요성 사이의 중간에 위치하므로, 이 둘 사이에 나뉘어 있다는 이유 덕분에 둘 가운데 어느 쪽의 강요에서도 벗어나 있는 것이지요.

물질충동이나 형식충동 모두 **진지하게** 각자의 요구를 지닙니다. 인식에서 물질충동은 현실성에, 형식충동은 사물의 필연성에 관계합니다. 행동에서 물질충동은 삶의 유지를, 형식충동은 품위의 보존을 지향합니다. 그러므로 이 둘은 진실과 완전성을 지향합니다. 그러나 품위가 개입하면 삶은 더 무심해지고, 취향이 이끌어가면 의무는 강제가 아닌 것이 됩니다. 마찬가지로 우리 마음은, 사물의 현실성 혹은 물리적인 진리가 형식적 진리 혹은 필연성의 법칙과 함께 있으면 현실성을 더욱 자유롭고 평온하게 받아들이게 됩니다. 그리고 직접적인 관찰과 함께 이루어지면 추상적 사유라도 긴장감을 만들어내지는 않지요. 요약하면, 이념과 함께하면 모든 현실성은 **하찮은** 것이므로 그 진지함을 잃어버립니다. 또 감각성과 만나게 되면 필연성 역시 **가벼워져서** 그 진지함을 잃어버리는 것입니다.

그러나 아름다움이 단순히 놀이가 됨으로써 천박해지고, 예로부터 놀

● 버크Burke는 《숭고한 것과 아름다운 것에 대한 우리 개념의 기원에 대한 철학적 탐구Philosophical Enquiry into the Origin of our Ideas of the Sublime and the Beautiful》에서 아름다움을 단순한 삶으로 만들었다. 내가 알고 있는 한 이 문제에 대해 신념을 고백한 적이 있는 **교조적인** 철학의 추종자들은 아름다움을 단순한 형성력으로 만들었다. 예술가 가운데에서는 라파엘 멩스Raphael Mengs가 《회화에서의 취향을 성찰함Reflections on Taste in Painting》에서 이 같은 주장을 했다. 다른 사람들에 대해서는 언급하지 않기로 하겠다. 다른 모든 경우에서 그렇듯이 여기에서도 **비판**철학[선험철학]은 경험이 원칙들에게로, 사색이 경험에게로 돌아갈 길을 열어주었다.

이라는 이름으로 불려온 저 경박스런 것들과 같은 수준으로 떨어지는 것이 아닌가 하고 당신은 아마 아까부터 반박하고 싶으셨겠지요? 아름다움을 **단순한 놀이**로만 한정시킨다면 그것은 문화〔교육〕의 도구로 여겨지는 아름다움의 이성적 개념과 품위에 모순되는 것이 아니냐고 말이지요. 또 놀이를 오로지 아름다움에만 한정시킨다면 그것은 모든 취향을 배제하고도 멀쩡히 존재하는 놀이의 경험적 개념에 모순되는 것이 아니냐고요.

하지만 인간의 모든 상태 가운데에서 놀이야말로, 그리고 오로지 놀이만이 인간을 완전하게 만들어주고 그 이중의 본성을 동시에 활짝 펼쳐준다는 사실을 알고 난 지금, **단순한** 놀이란 대체 무엇을 이르는 것일까요? 당신의 생각으로 **제한**이라 부르신 것을 방금 증명한 나의 생각에 따라 나는 **확장**이라 부르겠습니다. 그러니까 나는 오히려 다음과 같이 말하고 싶은 것입니다. 쾌적한 것, 선한 것, 완전한 것을 가지고 인간은 오로지 진지할 뿐이지만, 아름다움으로는 놀이를 한다고 말입니다.

물론 여기서 우리는 실생활에서 널리 통용되는 매우 물질적인 대상을 지향하는 여러 형태의 놀이를 생각해서는 안 됩니다. 그리고 여기서 이야기되는 종류의 아름다움을 실생활에서 찾아보아야 그 또한 소용이 없을 것입니다. 실제로 존재하는 아름다움은 실제로 존재하는 놀이충동에만 가치가 있을 뿐이지요. 하지만 이성이 제시하는 아름다움의 이상을 통해서는 인간이 온갖 종류의 놀이에서 반드시 염두에 두어야 할 놀이충동의 이상이 주어집니다.

어떤 사람이 지닌 아름다움의 이상을 알고자 할 때 그가 놀이충동을 어떤 방식으로 만족시키는지를 안다면 결코 틀리는 법이 없습니다. 그리스 사람들이 올림피아 경기〔오늘날 올림픽 경기의 기원〕를 통해 힘과 빠르기, 유연성 등 유혈 없는 경기를, 다시 말해 재능의 고상한 경쟁을 즐겼던 것에 반해, 로마 사람들은 정복당한 검투사나 리비아 출신인 적〔사자〕의 목숨을 빼앗는 싸움을 즐겼지요. 이런 단 하나의 특성을 보고도 우리가 왜 비너스〔아프로디테〕, 유노〔헤라〕, 아폴론의 이상형을 로마가 아닌 그리스에서 찾아야 하는지 분명해집니다.●

그러나 이성은 이렇게 선언합니다. 아름다운 것은 단순히 삶이기만 한 것도, 단순히 형성력인 것만도 아니며, 그것은 살아 있는 형성력, 즉 아름다움이어야 한다고 말이지요. 이성이 인간에게 절대적 형식과 절대적 현실이라는 이중의 법칙을 부과함으로써 그런 선언을 하는 것입니다. 아울러 이성은 이렇게 선언합니다. 인간은 아름다움으로는 오로지 **놀이**만을 해야 하며, **오직 아름다움으로만** 놀이를 해야 한다고 말입니다.

간략하게 말하면 인간은 그 말의 완전한 의미에서 인간인 한에서만 놀이하며, 또한 **놀이하는 한에서만 온전한 인간**입니다. 이 순간에는 어쩌면 패러독스처럼 들릴지도 모르는 이 명제는 의무와 운명이라는 이중의 진

● (근대 세계에 한정시켜서) 런던의 경마, 마드리드의 투우, 예전 파리의 온갖 구경거리, 베네치아의 곤돌라 경주, 빈의 동물몰이, 로마의 코르소 거리에서의 즐겁고 매력적인 생활 등을 서로 비교해보면 여러 민족의 취향을 구분하기가 어렵지 않다. 한편, 이 여러 나라에서 보통 사람들의 놀이에서는 세련된 계층의 놀이보다 국가들 사이의 동일 형태가 훨씬 적은데, 이는 쉽게 설명할 수 있다.

지함에 적용시켜보면 그제야 위대하고도 깊은 의미를 얻게 됩니다. 당신께 약속드리지만 이 명제가 미적인 예술의 모든 건축물, 그리고 그보다 더 어려운 삶의 예술의 모든 건축물을 지탱해주는 것이라는 사실이 밝혀질 것입니다.

학문에서만 이 명제가 예상 밖의 것으로, 이것은 이미 오래전에도 살아 있었고, 그리스인들의 예술과 감정에 — 그 두 가지에서 가장 뛰어난 거장인 — 작용했습니다. 다만, 그들은 지상에서 이루어져야 할 일을 올림포스로 옮겨놓았던 것뿐이지요. 이 명제의 진실성에 인도되어 그리스인들은 죽어야 할 존재인 인간의 볼에 주름살을 만드는 진지함이나 노동을 축복받은 신들의 이마에서 없애버리고, 또 공허한 얼굴의 매끄러움을 유지해주는 속빈 쾌락을 신들에게서 없앴던 것이지요. 영원히 만족하는 신들에게서 온갖 목적, 의무, 근심의 사슬을 면제하고는 **무위와 무심**Müßiggang und Gleichgültigkeit을 신들의 몫으로 만들었습니다. 부러워할 만한 몫이지요. 신이란 가장 자유롭고도 고귀한 존재를 부르는 더욱 인간적인 호칭일 뿐이었습니다.

자연법칙의 물질적 강요와 도덕법칙의 정신적 강요는 두 세계를 동시에 포괄하는 더 높은 필연성의 개념 안에서 용해되었습니다. 이 두 가지 필연성의 완전한 합일에서 비로소 진정한 자유가 생겨났습니다. 이 정신에서 영감을 얻어 그리스인들은 자신들의 이상의 얼굴에서 **애착**을 지우는 것과 아울러 모든 **의지**의 흔적도 지워버렸습니다. 또한 이 두 가지를 가장 밀도 있게 결합시킬 수 있었기에 이 둘을 알아볼 수 없게 만들었습니다.

유노 루도비시Juno Ludovisi•의 얼굴 표정이 우리에게 말하고 있는 것은 우아도 기품도 아닙니다. 둘 가운데 어느 것도 아닌 두 가지 모두이기 때문입니다. 〔이 조각상에서〕 여신은 우리에게 숭배를 요구하는 데 반해 신 같은 여성은 우리의 사랑에 불을 붙입니다. 그러나 우리가 천상의 행복감에 도취되어 우리 자신을 포기하면, 자족自足하고 있는 그녀의 모습은 보는 이를 놀라 뒤로 물러나게 만듭니다. 그 온전한 모습은 완전히 자기 충족적으로 자신 안에만 머물러 있으며, 공간 저편에 존재하는 양 헌신도 저항도 없습니다. 여기에는 힘들과 싸울 그 어떤 힘도 없으며, 시간이 뚫고 들어갈 수 있을 그 어떤 허점도 없습니다. 우아함을 통해 항거할 수 없이 이끌리고, 그 기품을 통해 거리를 두게 됨으로써 우리는 최고의 평온 상태와 아울러 최고의 동작 상태에 있게 되는데, 바로 여기서 오성이 알맞은 개념을 찾아내지 못하고 언어가 그 이름을 찾아내지 못하는 저 경이로운 감동이 생겨나는 것입니다.

● 18세기의 유명한 지식인들인 레싱, 헤르더, 괴테, 실러 등은 당시 만하임에 수집된 유명한 고대 예술품〔의 복제〕들을 보고 그리스 예술을 열정적으로 찬양했다. 여기서 말하는 유노 루도비시란 이 수집품에 있는 유노 여신상을 말한다. 그러나 20세기의 고고학자들은 이 조각상이 사실은 클라우디우스 황제가 자신의 어머니인 안토니아 아우구스타를 기리기 위해 만든 여인상이 아닐까 하는 의문을 제기하고 있다(옮긴이).

진정시키는 아름다움과 활력을 주는 아름다움

상반되는 두 충동의 상호작용에서 그리고 상반되는 두 원칙의 결합에서 우리는 아름다움이 솟아나는 것을 보았습니다. 그러므로 그 최고의 이상은 현실과 형식의 가능한 한 가장 완벽한 결합과 **균형**에서 찾아볼 수 있을 것입니다. 그러나 이런 균형은 실제로는 결코 완전히 실현될 수 없는 이념으로 남아 있을 뿐입니다. 현실에서는 항상 **어느 한쪽** 요소가 다른 요소보다 우위를 차지하게 되고, 따라서 경험이 성취하는 최고의 수준은 원칙들 사이에서 때로는 현실이, 때로는 형식이 우세한 **흔들림**으로 남는 것이지요.

이념에서의 아름다움은 언제까지나 분리되지 않는 하나입니다. 단 하나의 균형만이 있기 때문이지요. 그에 반해 경험상의 아름다움은 언제까지나 이중적입니다. 흔들림에서 균형은 두 가지로, 즉 이편이나 저편으로 넘어가기 때문입니다.

나는 이미 앞의 편지 중 한 곳[열셋째 편지 마지막]에서 다음의 사실을 언급했는데, 지금까지 논의된 것을 연관시켜 보아도 같은 내용이 엄밀한 필연성으로 도출됩니다. 즉 아름다움에서는 느슨하게 풀고 강력하게 조이는 이중의 작용이 동시에 이루어져야 한다는 것 말입니다. 감각충동이나 형식충동을 각기 자신의 한계 안에 잡아두기 위해 각자의 힘을 **느슨하게 하는**〔기를 꺾는, 진정시키는〕 작용이, 그리고 그 둘이 힘을 사용하도록 **조이는**〔활력을 주는〕 작용이 필요합니다.

이념에 따라 말하자면 이 두 작용은 하나이어야 합니다. 아름다움은 두 본성에 동일한 방식으로 활력을 줌으로써 두 본성의 기를 꺾어야 하고, 또한 동일한 방식으로 기를 꺾음으로써 두 본성에 활력을 주어야 합니다. 이것은 두 부분이 필연적으로 동시에 서로 제약하면서 또한 제약을 받는 상호작용이라는 개념에서 이미 도출된 내용입니다. 그런 상호작용의 가장 순수한 산물이 바로 아름다움입니다.

그러나 경험은 우리에게 그렇게 완벽한 상호작용의 예를 단 하나도 제시하지 못합니다. 경험에서는 항상 다소 차이는 있으나 〔어느 한편의〕 우세함이 〔다른 편의〕 부족함의 이유가 되고, 〔어느 한편의〕 부족함이 〔다른 편의〕 우세함의 이유가 되지요. 그러므로 이상적 아름다움에서는 단지 생각 속에서만 구분되는 것이 경험상의 아름다움에서는 실제 존재하는 차이가 되는 것입니다. 이상의 아름다움은 그것이 비록 하나이고, 나눌 수 없는 것이기는 해도 여러 연관성 속에서 보면 느슨하게 하는 특성과 활력을 주는 특성을 동시에 보입니다. 그러나 경험에서는 진정시키는 아름다움과 활력을 주는 아름다움이라는 두 가지 아름다움이 **존재하고** 있습니다. 절대적인 것이 시간의 한계 안에 놓일 경우, 그리고 이성의 이념들이 인성 안에서 실현되어야 하는 경우에는 언제나 그런 일이 일어나며 앞으로도 그럴 것입니다. 그래서 성찰할 때 인간은 〔절대적인〕 미덕, 진실, 행복을 생각할 수 있습니다. 그러나 행동할 때에는 〔이런저런〕 **미덕**을 행하고 〔이런저런〕 **진실**을 파악하고 또한 **행복한** 시간들을 즐길 수 있을 뿐이지요.

이런 경험들을 앞의 추상적 생각들에 귀속시키는 것, 즉 여러 도덕적인 행동을 도덕 자체로, 지식의 여러 항목을 지식 자체로, 행복한 사람들을 행복함으로 대체하는 것은 물리적·도덕적인 교육Bildung의 과업입니다. 이렇듯 여러 아름다운 대상에서 아름다움 자체를 만들어내는 것이 바로 미적 교육의 과제입니다.

'활력을 주는 아름다움die energische Schönheit'은 거칠음과 가혹함의 잔재에 맞서 인간을 지켜주지는 못합니다. 마찬가지로 '진정시키는〔기를 꺾는〕 아름다움die schmelzende Schönheit' 또한 어느 정도의 나약함과 무기력에서 인간을 지켜주지 못합니다. 왜냐하면 활력을 주는 아름다움〔숭고〕의 작용은 인간의 물리적 본성 및 도덕적 본성에 활력을 주고 그 탄력을 증가시키는 것이므로 다음과 같은 일이 매우 쉽게 일어나기 때문이지요. 즉 품성의 저항 능력〔도덕적 본성〕이 〔활발해짐으로써〕 인상들에 대한 감수성을 감소시키는 바람에 본래는 거친 본성만을 억눌러야 하는데 인성의 섬세한 부분까지 억눌리게 되고, 거꾸로 거친 본성〔물리적 본성〕은 오히려 〔활력을 얻어서〕 오직 자유로운 개성에만 주어져야 할 힘을 얻게 됩니다. 그래서 힘과 충만함이 지배한 시대에는 진정 위대한 생각들이 거대하고 기괴한 것들과 짝을 이루고 있는 것을, 그리고 기질의 숭고함이 무시무시한 정열의 폭발과 짝을 이루고 있는 것을 볼 수 있습니다. 법칙과 형식이 지배한 시대에는 본성이 통제되는 만큼 자주 억압을 받고, 제압당하는 만큼 자주 모욕당하는 것을 볼 수 있습니다.

그리고 진정시키는 아름다움의 작용은 우리의 도덕적 본성 및 물리적 본성을 약하게 만드는 것이므로 다음과 같은 일이 아주 쉽게 일어날 수 있습니다. 즉 욕망의 과격한 힘과 더불어 감정의 에너지도 질식되어 오로지 정열에간 적용되어야 할 힘의 상실이 〔도덕적인〕 품성에도 주어지는 일 말입니다. 그래서 이른바 섬세한 시대에는 드물지 않게 온화함이 유약함으로, 진솔함이 천박함으로, 정확함이 공허함으로, 자유가 방종으로, 경쾌함이 경솔함으로, 침착함이 무관심으로 퇴화하는 것을 볼 수 있습니다. 또한 가장 비열한 희화〔캐리커처〕가 가장 장엄한 인성 바로 곁에 나란히 있는 것을 볼 수 있습니다.

그러므로 물질의 강요나 형식의 강요를 받는 인간에게는 진정시키는 아름다움이 필요합니다. 왜냐하면 그는 조화나 우아함을 감지하기도 전에 이미 거대함과 힘에 붙잡혔기 때문입니다. 취향의 느슨함 아래 있는 인간에게는 활력을 주는 아름다움이 필요합니다. 왜냐하면 그는 섬약纖弱한 상태에 빠져서 자신이 야만 상태에서 가져온 힘을 경박하게 잃어버리고 있기 때문이지요.

이제 나는 아름다움의 영향에 대한 사람들의 판단에서 부딪치는 그리고 그들이 미적인 문화〔교육〕를 인정하면서도 늘 부딪치게 되는 모순을 설명하고 또 해결했다고 생각합니다. 경험에는 두 종류의 아름다움이 있다는 것, 이 두 부분이 각기 아름다움의 특별한 종류에 대해서밖에는 증명할 수 없으면서도 스스로 전체라고 여긴다는 사실을 우리가 기억한다면 이 모순은 설명이 됩니다. 인성에는 이중의 아름다움에 어울리는 두 가지 필요성이 있다는 사실을 알게 되면 이 모순은 이미 해결된 것입니다. 그러므로 두 부분이 제각기 어떤 종류의 아름다움과 어떤 종류의 인성을 염두에 두어야 하는지를 서로 잘 알기만 한다면 아마도 둘 다 올바른 것으로 밝혀질 것입니다.

앞으로의 탐구에서 나는 미적인 관점에서 자연도 인간과 함께 가는 그 길을 따라가고자 합니다. 그리고 두 종류의 아름다움으로부터 아름다움의 종種 개념으로 올라가고자 합니다. 진정시키는 아름다움이 기가 세진 인간에게, 활력을 주는 아름다움이 기가 꺾인 인간에게 행하는 여러 작용들을 검토해 마침내 두 가지 상반되는 종류의 아름다움을 녹여 이상적 아름다움의 통일성으로 합치려는 것이며, 마찬가지로 두 가지 상반되는 인성의 종류도 이상적 인성의 통일성 안에 합치시키려는 것입니다.●

● 실제로 이 편지에서는 기가 세진 인간에 대한 '진정시키는 아름다움'의 작용만이 다루어지고 있다. 활력을 주는 아름다움[숭고]의 작용에 대해서, 그리고 이 두 종류의 아름다움이 용해되어 이상적 아름다움이 되는 것에 대해서는 언급하지 않고 있다. 그런 의미에서 이 《미학 편지》는 미완성의 단편이라고 할 수 있을 것이다. 실러의 전체적인 미학적·윤리적 사상을 알기 위해서는 《미학 편지》에 덧붙여 《숭고에 대해서Vom Erhabenen》와 또 다른 《숭고에 대해서Über das Erhabene》를 함께 읽어야 한다(옮긴이).

열일곱째 편지

진정시키는 아름다움의 작용

인간 본성 자체의 개념에서 아름다움의 보편 개념을 이끌어내는 것이 중요했으므로, 우리는 인간 본성의 본질 안에 직접 근거하면서 유한성의 개념에서 분리될 수 없는 본성의 한계들을 기억해야 했습니다. 인간 본성이 실제 현상에서 겪을 수도 있는 우연한 제한들에 대해서는 상관하지 않은 채 우리는 인성의 개념을 모든 필연성의 원천인 이성에서 직접 이끌어냈고, 인성의 이상과 동시에 아름다움의 이상도 주어졌습니다.

이제는 반대로 이념의 영역에서 현실의 무대로 내려가려 합니다. **어떤 특정한** 상태, 따라서 제한 아래 있는 인간을, 다시 말해서 인간이라는 개념 자체에 본래적으로 주어져 있는 것은 아니지만 외적인 환경들에서 생겨난, 그리고 그 자유를 임의로 사용함으로써 생겨난 제한들 속에 있는 인간을 보기 위함입니다. 인성의 이념이 인간에게서 여러 가지 방식으로 얼마나 제한되느냐에 상관없이 인성의 내용 자체가 이미 전체적으로 보아 오직 **두 가지**의 상호대립적인 일탈, 즉 본성으로부터의 일탈이 일어날 수 있음을 가르쳐주고 있습니다.

인간의 완전성이 그 자신의 감각적인 힘과 정신적인 힘의 조화로운 에너지에 있다면, 조화의 결핍 또는 에너지의 결핍을 통해서만 이 완전성에 결함이 나타납니다. 이 문제에 대해 경험의 증언을 듣기도 전에 이미 우리는 순수이성을 통해 다음의 사실을 확신할 수 있습니다. 우리는 실제의 인간, 즉 제한된 인간이 기가 세진 상태에 있거나 기가 꺾인 상태에 있음을 보게 되며, 각각의 상태에 따라 그의 힘들 가운데 어느 하나가 일방적으로 활동함으로써 존재의 조화를 파괴하거나 또는 그의 본성의 통일성이 그의 감각적인 힘과 정신적인 힘의 똑같은 무기력 위에 자리잡은 것을 보게 된다는 것 말입니다.

이 두 가지 상반된 제한들은 앞으로 설명하겠지만 아름다움을 통해 제거됩니다. 아름다움은 [어느 한편의] 기가 세진 인간에게서는 조화를, 기가 꺾인 인간에게서는 에너지를 원래대로 되살려내며, 아름다움의 본성에 따라 이런 방식으로 제한된 상태를 절대적 상태로 되돌려 인간을 스스로의 내면에서 완전한 전체로 만드는 것입니다.

현실 세계의 아름다움은 우리가 사변의 방식으로 파악한 개념을 부정하지 않습니다. 다만, 현실에서의 아름다움은 인성의 순수한 개념에 적용할 수 있는 사변에서보다 비할 수 없이 부자유스러울 뿐입니다. 경험상의 인간에게서 아름다움은 물질에 — 이미 망가져버렸으면서도 저항적인 — 부딪치게 되는데, 물질의 **개별적인** 특성들이 나타나는 만큼 아름다움에서 그 **이상적인** 완전성이 줄어듭니다. 그러므로 아름다움은 현실에서는 오직 특수하고 제한된 종류로만 나타날 뿐 결코 종種으로 나타나지는 않습니다. 아름다움은 기가 세진 마음에게는 자유와 다양성을 떼어 주고, 기가 꺾인 마음에게는 활력을 주는 힘을 떼어줍니다. 우리는 아름다움의 진짜 본성에 차츰 더 친숙해져서 이제 이런 모순적인 현상들 때문에 혼란을 일으키지는 않게 되었지요.

자신들의 개인적인 체험에서 아름다움의 개념을 만들어내고, 인간이 아름다움의 영향 아래에서 드러내 보이는 결함들을 **아름다움**의 탓으로 돌리는 수많은 비평가들과는 달리 우리는 다음의 사실을 알고 있습니다. 인간이 오히려 자신의 불완전함을 아름다움에 전가한다는 것을, 인간이 자신의 주관적인 한계로 인해 아름다움의 완전성을 끊임없이 방해하고, 아름다움의 절대적 이상을 두 종류의 제한적 현상으로 끌어내린다는 것을 말이지요.

진정시키는 아름다움은 기가 센 마음을 위한 것이고, 활력을 주는 아름다움은 기가 꺾인 마음을 위한 것이라고 앞에서 이미 말씀드렸습니다. 기가 세다는 것은 감각성의 강제 아래 있거나〔감각성이 너무 강하거나〕 또는 개념의 강제 아래에 있는〔사고력이 너무 강한〕 사람을 일컫습니다. 두 기본 충동 가운데 하나만이 **배타적으로** 지배하는 상황은 인간에게는 강제와 폭력의 상태입니다. 자유는 두 본성의 상호작용에만 존재하니까요.

일방적으로 감정의 지배를 받거나 감각적으로 기가 세진 인간은 〔감각성이〕 느슨해지면서 형식을 통해 자유의 상태로 들어가야 합니다. 일방적으로 법칙의 지배를 받거나 정신적으로 기가 세진 인간은 〔사고력이〕 느슨해지면서 물질을 통해 자유의 상태로 들어가야 합니다. 진정시키는 아름다움은 이 두 과제를 수행하기 위해 스스로 두 가지 다른 모습으로 나타납니다.

첫째로는 고요한 형식의 모습을 하고 거친 삶을 진정시키고, 감각성으로부터 사색에 이르는 길을 닦는 것이지요. **둘째로는** 살아 있는 그림의 모습을 하고 추상적 형식을 감각적 힘으로 무장시키고, 개념을 바라봄[관조]으로써 법칙을 감정으로 되돌아가게 합니다. 첫 번째는 자연인에게 하는 것이고, 두 번째는 문명인에게 하는 것입니다. 그러나 아름다움은 두 경우 모두 자신의 재료를 완전히 자유롭게 지배하지 못하고, 형식 없는 자연이 제공한 재료나 아니면 자연에 반하는 문명이 제공한 재료에 의존하게 되므로, 두 경우 모두 그 기원의 흔적을 지니게 됩니다. 그리하여 아름다움은 첫 번째 경우는 물질적인 삶 속으로 더 많이, 두 번째 경우는 단순한 추상적 형식 속으로 더 많이 빠져들게 됩니다.

아름다움이 어떻게 이 두 가지 기가 세진 것을 없애는 수단이 될 수 있는가를 알기 위해서는 인간의 마음 안에서 아름다움의 기원을 찾아보아야 합니다. 그러므로 이 사변의 영역에 잠시 더 머물기로 결심해주십시오. 그런 다음 이 영역을 완전히 떠나 그럴수록 더욱 확고한 걸음으로 경험의 영역을 계속 나아갈 수 있도록 말이지요.

열여덟째 편지

감각과 사변을 명료하게 구분하기와 아름다움 안에서 다시 결합하기

〔진정시키는〕 아름다움을 통해서 감각적 인간은 형식과 사유로 인도됩니다. 〔진정시키는〕 아름다움을 통해서 정신적 인간은 물질로 되돌아가 감각세계에 복귀하게 됩니다.

이런 사실로부터 물질과 형식, 감수Leiden와 활동Tätigkeit 사이에 분명 하나의 **중간 상태**가 존재하며, 아름다움이 우리를 이런 중간 상태로 인도한다는 결론이 도출되는 것처럼 보입니다. 실제로 대부분의 사람들이 아름다움의 작용에 대해 성찰을 시작하기만 해도 이 같은 생각을 갖게 되고, 모든 경험도 그렇게 암시하고 있습니다.

그러나 또 한편으로 이런 생각보다 더 부적절하고 모순되는 것은 없습니다. 왜냐하면 물질과 형식, 감수와 활동, 감각과 사변 사이의 거리는 **무한**하므로 그 무엇을 통해서도 중개될 수 없기 때문입니다. 어떻게 하면 우리는 이 모순을 없앨 수 있을까요? 아름다움이 감각과 사색이라는 상반된 두 상태를 결합시키는데, 이 둘 사이에는 그 어떤 중간도 없다니 말입니다. 앞의 내용은 경험을 통해 우리가 알게 된 것이고, 뒤의 내용은 직접 이성을 통해 확실해진 것입니다.

바로 이것이 아름다움에 대한 질문 전체가 지향하는 본래의 문제입니다. 이 문제를 만족스럽게 해결할 수 있다면 우리는 미학의 전체 미로迷路를 통해 우리를 안내해줄 단서를 찾아내게 되는 것이지요.

하지만 여기서는 우리의 탐구 과정에서 필연적으로 서로를 뒷받침해주는 극단적으로 상이한 두 가지 조작에 모든 것이 달려 있습니다. 아름다움은 서로 **대립해** 결코 하나가 될 수 없는 두 상태를 결합시키는 것이라고 했습니다. 우리는 먼저 이 대립에서 출발해야 합니다. 이 대립을 가장 순수하고 엄밀하게 파악하고 인정함으로써 두 상태를 가장 분명하게 나누어야 합니다. 그렇지 않으면 이 두 상태를 뒤죽박죽 뒤섞어놓을 뿐 하나로 만들지 못할 테니까요.

둘째로는 대립하는 이 두 상태를 아름다움이 **결합시킨다**고, 다시 말해서 대립을 없앤다고 했습니다. 그러나 이 두 상태는 언제까지나 서로 대립하는 것이므로, 둘 다 소멸되지 않고는 결합시킬 방법이 없습니다. 그러므로 우리의 두 번째 작업은 이 결합을 완벽하게 하는 것, 이 결합을 순수하고 완전하게 만들어 두 상태가 제삼자 안에 녹아 없어지고, 이 새로운 전체에는 이음새의 흔적조차 남지 않도록 하는 것입니다. 그렇지 않으면 우리는 구분만 할 뿐 결합시키지 못하게 되는 것이니까요.

아름다움의 개념에 대해 한동안 철학계에 널리 퍼져 있던, 그리고 일부는 아직도 철학계를 지배하는 모든 논쟁의 근원은 바로 다음과 같은 것입니다. 즉 적절하게 엄격한 구분에서 탐구를 시작하지 않았거나 아니면 완벽한 결합에 이르기까지 탐구를 이끌어가지 않았거나 둘 중 하나이지요. 이 대상을 성찰하면서 맹목적으로 **감정**의 안내만을 믿는 철학자들은 아름다움에 대한 그 **개념**에 아예 도달하지 못합니다. 이는 감각적 인상 전체 안에서 개별적인 것을 전혀 구분하지 못하기 때문입니다.

그에 반해 지성만을 배타적인 안내자로 삼은 다른 철학자들은 **아름다움**에 대한 개념에 도달하지 못합니다. 그들은 아름다움 전체에서 오로지 부분만을 보며, 정신과 물질이 가장 완벽하게 결합되어 있어도 계속 나누어서만 보기 때문이지요. 앞에 말한 철학자들은 자신들의 감정 안에서 하나이고 분리될 수 없는 것을 분리했다가 아름다움의 **활력**, 즉 활동하는 힘으로서의 아름다움을 파괴할까 두려워합니다. 뒤에 말한 철학자들은 자신들의 지성 안에서 나뉘어 있는 것을 결합했다가 아름다움의 **논리**, 즉 개념으로서의 아름다움을 파괴할까 두려워합니다.

앞에 말한 철학자들은 아름다움이 실제 작용하는 모습 그대로를 생각하려 하고, 뒤에 말한 철학자들은 아름다움이 사색된 그대로 작용하게 만들려고 합니다. 그러므로 양쪽 모두 진실을 놓칠 수밖에 없습니다. 전자는 자신들의 제한된 사고력으로 무한한 자연을 흉내내려 하기 때문이고, 후자는 무한한 자연을 자신들의 사고법칙에 맞추어 한정하려 하기 때문이지요. 전자는 너무 엄격하게 나누었다가는 아름다움에서 그 자유를 조금이라도 빼앗을까 두려워하는 것이고, 후자는 너무 대담하게 통합했다가는 아름다움에 대한 개념의 확실성을 파괴할까 두려워하는 것입니다.

또 전자는 아름다움의 본질이 자유에 있음을 올바르게 인정하지만, 자유란 무법 상태가 아니라 법칙들의 조화라는 사실, 방종이 아니라 최고의 내적인 필연성이라는 사실을 생각하지 못하는 것이지요. 후자도 아름다움의 확실성을 요구한 것은 옳지만, 확실성이란 **특정한 현실을 배제함**에 있는 것이 아니라 **모든 현실을 절대적으로 포괄**하는 데 있다는 사실을, 따라서 이것이 제한이 아니라 무한이라는 사실을 생각하지 못한 것입니다.

우리가 이 두 요소에서부터 시작하면 앞에서 언급한 양쪽 철학자들이 부딪혀 침몰한 암벽을 피해가게 될 것입니다. 우리가 지성의 힘으로 사색할 때 아름다움은 두 요소로 나뉘지만, 곧이어 다시 순수한 미적인 통일성으로 올라서게 되고, 그런 통일성을 통해 아름다움은 감각성에 작용하고 그런 통일성 안에서 두 상태는 완전히 소멸되는 것입니다.•

• 주의 깊은 독자는 방금 내가 한 비교에서 감각의 증언을 사색보다 더 중시하는 **감각적인** 미학자들이 **통찰력으로는** 그 상대자들과 도저히 겨룰 수 없지만, **실제로는** 그들보다 진실에 더 가까이 있음을 알아챘을 것이다. 자연과 학문 사이에서 이런 관계는 늘 발견된다. 자연(감각)은 언제나 결합하고, 지성은 항상 분리하며, 이성은 다시 결합시킨다. 그래서 인간은 철학을 시작하기 전에 오히려 탐구를 다 끝내지 못한 채 중간에 있는 철학자보다 더 진실에 가까이 있는 것이다. 그 때문에 계속 검토하지 않아도 어떤 철학적 논의가 **결론 부분에서** 평범한 감각에 반하는 것이면, 그것이 수상한 것이라고 여길 수 있다. 그러나 똑같이 합당하게, 형식이나 방법으로 보아 그것이 평범한 감각의 편에 있으면 그것을 의심스러운 것으로 간주할 수 있다. 독자의 기대만큼 철학적인 추론을 난롯가의 담화처럼 다루지 못하는 작가는 누구든지 두 번째 이유로 스스로를 위로할 수 있을 것이다. 평범한 상식을 희생시키면서 새로운 체계를 세우려는 사람에 대해서는 첫 번째 이유를 들어 그를 침묵하게 만들 수 있을 것이다.

용어 총정리 : 비어 있는 무한성, 두 기본 충동, 의지와 자의식, 인성의 출현

인간에게서 서로 다른 두 가지 규정 가능성Bestimmbarkeit의 상태, 즉 수동적인 규정 가능성과 능동적인 규정 가능성의 상태를 구분할 수 있으며, 마찬가지로 수동적 규정과 능동적 규정의 상태를 구분할 수 있습니다. 이 명제를 설명하면 우리는 목적지에 도달하는 가장 빠른 길을 보게 될 것입니다.

감각 인상에 의해 규정되기 이전의 인간 정신은 무한한 규정 가능성 상태에 있습니다. 인간의 상상력에는 무한한 공간과 시간이 자유롭게 사용하도록 주어져 있지요. 그리고 가정假定상 이런 가능성의 넓은 영역에 아무것도 자리잡지 않았고, 따라서 아직은 아무것도 배제된 것이 없으므로 이렇게 전혀 규정되지 않은 상태를 우리는 **비어 있는 무한성**이라고 부를 수 있을 것입니다. 이것을 무한한 비어 있음[공허]과 혼동해서는 절대로 안 됩니다.

이제 인간의 감각이 작동하는 순간이 오면 무한한 수의 가능한 규정으로부터 단 하나의 규정이 실현됩니다. 표상[지각, Vorstellung]이 그의 안에서 일어납니다. 앞의 규정 가능성 상태에서는 [아무것도 실현되지 않은] 비어 있는 능력일 뿐이던 것이 이제 작용하는 힘이 되고 내용을 갖게 되었습니다. 그러나 작용하는 힘이 되면서 동시에 제한을 얻게 됩니다. 순수한 가능성 상태였을 때에는 제한이 없었지요. 현실성이 생겨나자 무한성은 사라집니다.

공간에 있는 어떤 존재의 모습을 설명하기 위해서는 무한한 공간을 **제한**하지 않으면 안 됩니다. 또 시간에 나타나는 변화를 표상하기 위해서는 전체 시간을 **분할**하지 않으면 안 됩니다. 그러므로 우리는 오직 제한을 통해서만 현실성에 도달하며, 오직 **부정**이나 배제를 통해서만 **위치**를 얻고 실질적인 자리를 잡으며, 우리의 제약되지 않은[자유로운] 규정 가능성을 양도함으로써만 규정에 도달하게 됩니다.

그러나 현실성은 단순한 배제에서는 영원히 생겨나지 않을 것이고, 단순히 감각기관이 받아들인 것만으로는 영원히 표상이 이루어지지 않을 것입니다. 이 같은 배제를 행하는 무언가 **그 어떤 것**이 존재하지 않는다면 말이지요. 또한 정신의 절대적 활동에 의해 부정이 어떤 긍정적인 것과 연관되고, '내세우지 않음Nichtsetzung'에서 '마주 세움Entgegensetzung'이 나오지 않는다면 말입니다. 정신의 이런 활동을 일컬어 판단 또는 생각한다고 부르고, 이런 활동의 결과를 **생각**이라고 부릅니다.

우리가 공간에서 한 지점을 정하기 전에는 공간이란 우리에게 아예 존재하지도 않습니다. 그러나 절대적인 공간이 없다면 우리는 어느 한 지점을 결코 정할 수 없을 것입니다. 시간도 마찬가지입니다. 시간이란 어느 한순간이 주어지기 전에는 우리에게 아예 존재하지도 않는 것이지요. 그러나 무한한 시간이 없었다면 우리는 순간에 대한 표상도 결코 얻지 못했을 것입니다. 그러므로 우리는 오로지 부분을 통해서만 전체에 도달하며, 제한을 통해서만 무한에 도달합니다. 그러나 또한 우리는 전체를 통해서만 부분에 도달하며, 무한을 통해서만 제한에 도달합니다.

그러므로 아름다움das Schöne이 인간에게 느낌〔감각〕에서 사변에 이르는 길을 열어주는 것이라 주장했다고 해서 아름다움을, 감각을 사변과 감수甘受를 활동과 갈라놓는 저 심연에 다리를 놓아주는 것이라고 이해해서는 안 됩니다. 이 심연은 무한한 것이니까요. 또한 새롭고도 독자적인 능력의 개입 없이는 절대로 개별적인 것에서 일반적인 것이나 우연한 것에서 필연적인 것이 나오지 못합니다.

생각이란 이 절대적인 능력의 직접적인 행동입니다. 이 능력은 감각을 통해 스스로를 드러낼 기회를 가져야 하지만, 일단 드러나기만 하면 감각성에는 전혀 의존하지 않고 감각성과 마주 섬으로써만 스스로를 알리게 됩니다. 이것의 활동에 나타나는 독자성은 외부로부터의 모든 개입을 배제합니다. 아름다움은 생각하는 데 도움을 주는 것이 아니라(이것은 명백한 모순을 포함하지요), 오로지 사고력이 자신의 법칙에 따라 스스로를 드러내 보이도록 자유를 마련해준다는 점에서 인간을 물질에서 형식으로, 감각에서 법칙으로, 제한된 존재에서 절대적 존재로 이끌어가는 수단이 되는 것입니다.

그러나 이것은 사고력의 자유가 방해를 받을 수도 있음을 전제로 하는데, 그렇다면 이것은 사고력이 독자적인 능력이라는 개념에 대립하는 듯이 보입니다. 작용을 위한 재료 이외에는 외부에서 아무것도 받아들이지 않는 능력은 오로지 그 재료를 없앨 경우에만 방해를 받게 됩니다. 다시 말해서 부정의 방식으로만 활동에 방해를 받는 것이지요. 감각적인 정열이 정신의 자유를 능동적으로 억누를 힘이 있다고 생각한다면 정신의 본성을 잘못 이해한 것입니다. 비록 감각적 힘이 불타오르는 만큼 이성의 힘이 억압당하는 예들을 경험에서 매우 많이 볼 수 있지만, 그러나 정열이 강해져 정신이 약해졌다기보다는 오히려 정신이 약해져 정열이 기승을 부리는 것이라고 보아야 할 것입니다. 왜냐하면 정신이 스스로 독자적인 힘이기를 포기하는 경우가 아니고는 감각이 인간에게 힘으로 나타날 수는 없기 때문이지요.

그러나 이런 설명을 함으로써 나는 하나의 반박에 맞서려다가 다른 반박에 말려들고, 마치 정신의 통일성을 희생시킴으로써 그 독자성을 구하려는 듯해 보입니다. 정신은 어떻게 **자기 자신으로부터** 활동과 비활동의 이유를 동시에 만들어낼 수 있을까요? 정신 자체가 나뉘어 있고, 자기 자신과 모순되는 것이 아니라면 말입니다.

여기서 우리는 지금 무한한 정신이 아니라 유한한 정신을 다루고 있음을 상기해야 합니다. 유한한 정신이란 감수함으로써만 활동하고, 제한을 통해서만 절대에 이르고, 재료를 받아들여야만 활동과 형성을 하는 정신을 말합니다. 이런 정신은 형식 내지 절대를 향한 충동〔형식충동, 이성충동]과 재료 내지 제한을 향한 충동[감각충동, 물질충동]을 결합시킵니다. 재료나 제한은 형식충동의 전제조건으로서, 이것이 없다면 정신은 형식충동을 갖지도 만족시키지도 못합니다.

동일한 정신 안에서 이같이 상반되는 두 가지 경향이 어디까지 공존할 수 있는가 하는 문제는 형이상학자를 당혹하게 만들지라도 선험철학자를 당혹하게 만들지는 못합니다. 선험철학자는 사물이 어떻게 가능한가를 설명하려 하지 않고, 경험의 가능성을 이해할 수 있게 해주는 지식을 결정하는 것으로 만족합니다. 경험이란 마음 내부에서의 마주 세움[대립] 없이는, 그리고 마음의 절대적 통일 없이는 불가능한 것이므로 마음은 완벽한 권한으로 이 두 개념[형식충동과 감각충동]의 통합 가능성에 대해서는 전혀 고민하지 않은 채 두 개념이 똑같이 필수적인 조건이라고 가정합니다.

정신 자체를 이 두 기본 충동과 구분하기만 하면 정신의 절대적 통일성과 이 두 충동이 정신 안에 들어 있다는 사실이 서로 전혀 모순을 일으키지 않습니다. 두 충동이 **정신 안**에 있고 정신 안에서 작용하기는 하지만 정신 자체는 물질도 형식도 아니며, 감각성도 이성도 아닙니다. 정신이 이성과 일치할 경우에만 인간정신이 활동적인 것이라 여기고, 정신활동이 이성에 대립할 경우에는 수동적인 것이라 여기는 사람들은 이 사실을 항상 고려하지는 않았던 것 같습니다.

이 두 기본 충동은 제각기 발전되어 나오기만 하면 그 본성에 따라, 그리고 필연적으로 그 충족을 추구하게 됩니다. 그런데 두 가지 모두 필연적인 것이면서 서로 대립적인 대상을 지향하므로 이 이중의 강제는 서로를 지워버리고, 의지는 이 두 충동 사이에서 완전한 자유를 얻습니다. 그러므로 의지는 두 충동에 맞서는 하나의 **힘**(모든 현실성의 기본이 되는 것)으로 행동하지만, 두 충동은 어느 것도 스스로 상대방에 맞서는 힘으로 나타날 수 없습니다.

정의를 지향하는 가장 적극적인 추진력을 통해서도—의지에는 그런 것이 부족하지 않지요—폭력적인 인간이 불의를 행하는 것을 막지는 못합니다. 그리고 가장 생동하는 쾌락의 유혹을 통해서도 강인한 품성의 인간을 자신의 원칙에서 물러나게 하지는 못합니다. 인간의 내면에는 자기 의지 이외의 힘은 없습니다. 그리고 인간 자체를 파괴하는 것만이, 즉 죽음이나 그의 의식을 빼앗는 것만이 그의 내적인 자유를 파괴하는 길입니다.

우리 바깥에 있는 필연성이 감각 느낌의 수단을 통해 우리의 상태를, 즉 시간 속의 우리 삶을 결정합니다. 이것은 우리 의지와는 전혀 무관한 것이어서 우리는 주어지는 대로 그것을 감수하는 수밖에 없습니다. 또 **우리 내면에** 있는 필연성이 감각 느낌의 자극을 받고, 감각 느낌에 마주섬으로써 우리의 개성을 일깨웁니다. 자의식은 의지에 종속되는 것이 아닙니다. 의지가 자의식을 전제조건으로 삼고 있으니까요.

개성의 처음 발현은 우리의 공로가 아니며, 그 결핍 또한 우리의 잘못이 아닙니다. 그러나 오직 자기 자신을 의식하고 있는 사람에게만 우리는 이성을, 다시 말해서 의식의 절대적 계속성 및 보편성을 요구할 수 있습니다. 그 이전에 그는 인간이 아니며, 따라서 인성의 행위도 그에게 기대할 수 없습니다. **형이상학자**가 정신의 자유와 독자성이 감각을 통해 받아들이는 제한임을 설명하지 못한다면, **물리학자**는 이런 한계의 자극을 받아 개성 안에 나타나는 무한성을 이해하지 못합니다.

철학적 추상작업과 경험도 보편성과 필연성의 개념들이 원래 유래한 원천으로 우리를 안내하지는 못합니다. 시간 속에 나타난 그 초기 현상이 경험적 관찰자에게 보이지 않고, 그 초감각적 기원은 형이상학적 탐구자에게 보이지 않습니다. 그러나 자의식이 있다는 사실만으로도 충분합니다. 자의식의 불변하는 통일성이 확립됨과 동시에 인간을 **위해** 존재하는 모든 것과 **인간을 통해** 이루어져야 할 모든 것을 위한 통일성의 법칙, 즉 그의 모든 지식과 모든 행위를 위한 통일성의 법칙도 확립됩니다.

진리와 정의의 개념은 감각성의 시기에 이미 벗어날 수 없는 것, 더럽힐 수 없는 것, 알 수 없는 것으로서 그 모습을 드러냈으며, 인간은 그것이 어디서 어떻게 생겨난 것인지는 말하지 못하면서도 시간 속에 있는 영원성을, 우연의 연속 안에 있는 필연성을 깨닫습니다. 그렇게 느낌과 자의식은 우리의 도움 없이 생겨나는 것이므로 이 둘의 기원은 우리 의지 저편에, 그리고 우리 인식의 범위 저편에 있습니다.

그러나 느낌과 자의식이 정말로 있게 되면 인간이 감각의 도움을 받아 규정된 존재로서의 경험을 하고 자의식을 통해 자신의 절대적 존재를 한번 경험하고 나면, 인간의 두 기본 충동도 각각의 대상들과 더불어 활동을 하게 됩니다. 감각충동은 삶의 경험과 함께(개체의 시작과 더불어) 깨어나고, 이성충동은 법칙의 경험과 함께(개성의 시작과 더불어) 깨어납니다.

그리고 두 기본 충동이 작동하게 된 지금 인성도 만들어진 것입니다.

이 일이 일어나기까지 인간 내면의 모든 것은 필연성의 법칙에 따랐습니다. **자연**의 손이 이제 인간을 놓아주니, 자연이 인간 안에 심어놓고 열어놓은 인성을 행하는 것은 이제 인간이 할 일입니다. 상반되는 두 기본 충동은 인간 안에서 활동을 시작하자마자 각자의 강제성을 잃어버리는데, 이 두 필연성의 대립이야말로 **자유**의 기원이 됩니다.●

● 모든 오해를 예방하기 위해, 여기서 자유가 언급될 때마다 그것은 지성적 존재로 간주되는 인간에게 필연적으로 속해 있으므로 주어질 수도 빼앗길 수도 없는 자유를 뜻하는 것이 아니라, 그의 혼합된 본성에 근거하는 자유를 뜻한다는 사실을 밝혀두고자 한다. 인간이 오직 이성적으로만 행동한다는 사실을 통해 그는 첫 번째 자유를 입증한다. 인간이 물질의 한계 안에서 이성적으로, 이성의 법칙 아래에서 물질적으로 행동한다는 사실을 통해 그는 두 번째 자유를 입증한다. 간단히 말하면 두 번째 자유는 첫 번째 자유의 자연스런 가능성이라고 할 수 있을 것이다.

Briefe über die ästhetische Erziehung des Menschen

제4장

실러 미학: 미적 상태와 미적 가상

스무째 편지

자유와 미적 상태

자유가 그 어느 것에 의해서도 영향을 받을 수 없다는 것은 자유의 순수한 개념에서 나오는 것입니다. 그러나 **자유 자체는 자연**(가장 광범위한 의미에서)의 작용이지 인간의 작업이 아니라는 것, 그러므로 자유는 자연의 수단에 의해 촉진되기도, 방해받기도 한다는 사실 또한 필연적으로 그 개념에서 나옵니다. 인간이 **온전해**지고 **두** 기본 충동이 이미 발전되어 있어야만 자유는 비로소 시작되는 것입니다. 그러므로 인간이 아직 온전하지 못하고 두 충동 가운데 하나가 배제되어 있는 한 자유는 결핍되어 있을 수밖에 없으며, 인간을 온전하게 하는 모든 것을 통해 자유도 다시 복구되어야 하는 것이지요.

이제 인류 전체나 개인에게서 인간이 아직도 온전하지 못한 채로 두 충동 가운데 하나[감각충동]만 배타적으로 인간의 내면에서 작용하는 어느 시점이 나타납니다. 우리는 인간이 단순한 삶에서 시작해 형식으로 끝을 맺는다는 것을 알고 있습니다. 인간이 개성이기 이전에 개체라는 것, 한계로부터 출발해 무한을 지향한다는 것도 알고 있습니다. 감각충동이 이성충동보다 먼저 활동하게 되는데, 그것은 바로 느낌〔감각〕이 의식보다 먼저 오기 때문입니다. 그리고 감각충동이 이렇게 **시간적으로 앞선다**Priorität는 사실에서 우리는 인간 자유의 전체 역사에 대해 설명할 수 있게 되지요.

형식충동이 아직 그에 맞서 작용하지 못하기 때문에 삶의 충동〔감각충동〕이 자연으로서 또한 필연성으로서 작용하는 시기가 있습니다. 그때 인간은 아직 인간이기 이전이므로 감각성이 곧 힘입니다. 인간의 내면에서는 의지 이외에는 다른 어떤 힘도 있을 수 없기 때문입니다. 그러나 인간이 〔그쪽으로〕 넘어가야 할 사유의 상태에서는 이성이 힘이 되어야 하며, 물리적 필연성 대신 논리적·도덕적 필연성이 나타나야 합니다.

따라서 먼저 나타난 감각의 힘은 법칙이 등장하기 전에 파괴되어야 합니다. 그러므로 전에 없던 어떤 일이 시작된다는 것만으로는 안 되고, 그보다 먼저 존재했던 어떤 것이 멈추어야 합니다. 인간은 감각에서 사유로 직접 넘어갈 수는 없습니다. **한 걸음 뒤로 물러서야** 하는데, 하나의 규정이 다시 없어져야만 상반되는 규정이 등장할 수 있기 때문이지요.

그러므로 그가 감수를 활동으로, 수동적 규정을 능동적 규정으로 바꾸기 위해서는 한순간 **모든 규정에서 자유로워져야** 하며, 단순한 규정 가능성의 상태를 통과해야 합니다. 아울러 그는 어떤 의미에서는 '규정 없음'이라는 부정적 상태로 되돌아가야 합니다. 아직 그 무엇도 인간의 감각에 그 어떤 인상을 주기 이전의 상태로 말입니다. 그러나 그 상태는 내용이 완전히 비어 있었지요. 그런데 여기에서는 같은 규정되지 않음, 같은 무한한 규정 가능성을 최고도로 가능한 내실Gehalt과 일치시키는 것이 중요합니다. 왜냐하면 이 상태에서 직접적으로 긍정적인 어떤 것이 나와야 하기 때문입니다.

현실성이 사라져서는 안 되므로 인간이 감각작용을 통해 받아들인 규정은 그대로 보존되어야 합니다. 동시에 그 규정이 한계라는 점에서는 다시 없어져야 합니다. 무한한 규정 가능성이 나타나야 하기 때문입니다. 그러므로 이 상태의 규정을 없앰과 동시에 보존하는 것이 중요한 일인데, 이것은 단 한 가지 방법으로만 가능합니다. 즉 이 규정에 **다른 규정을 마주 세우는** 것이지요. 저울의 접시는 양쪽 다 비어 있을 때 수평을 이룹니다. 그러나 양쪽에 같은 무게를 담아도 수평이 됩니다.

그러므로 마음이 감각에서 사유로 옮겨가기 위해서는 중간의 정조(Stimmung, 분위기)를 통과해야 합니다. 이 중간의 정조에서 감각성과 이성이 **동시에** 활동하고, 바로 그 때문에 감각성과 이성의 규정하는 힘은 서로를 상쇄합니다. 대립을 통해 부정을 이끌어내는 것이지요.

마음이 물리적·도덕적으로 강제를 받지 않고, 그러면서도 동시에 둘 모두의 방식으로 활동하는 이 중간 정조를 자유로운 정조라 불러도 되겠지요. 감각적 규정의 상태를 물리적 상태, 이성적 규정의 상태를 논리적·도덕적 상태라고 부른다면, 현실적이면서 활동적인 이 같은 규정 가능성의 상태를 미적 상태der ästhetische Zustand라 불러야 할 것입니다.●

● 무지로 인해 매우 잘못 사용되어온 이 말의 순수한 의미에 완전히 친숙하지 않은 독자들께는 다음과 같은 설명을 할 수 있다. 현상에 등장하는 모든 사물은 네 가지 서로 다른 관련성 속에서 사유될 수 있다. 어떤 것은 직접 우리의 감각적 상태(우리 자신의 삶과 복지)에 관계할 수 있다. **물리적** 특성이 그것이다. 또한 그것은 이성에 관계할 수 있으며, 우리에게 지식을 마련해준다. **논리적** 특성이 그것이다. 또한 그것은 우리의 의지에 관계할 수 있으며, 이성적 존재를 위한 선택의 대상으로 간주될 수도 있다. **도덕적** 특성이 그것이다. 마지막으로 그것은 이런 여러 힘들 하나하나에 대해 어떤 특정한 대상이 되지 않고, 그 힘들의 통합에 관계할 수 있다. 바로 **미적인** 특성이다.

어떤 인간은 자신의 봉사정신을 통해 우리를 즐겁게 할 수 있다. 또는 토론을 통해 우리에게 생각할 거리를 줄 수도 있다. 또 자신의 품성을 통해 우리에게 존경심을 불러일으킬 수도 있다. 마지막으로 그는 이 모든 것과는 별개로, 우리가 그를 판단할 때 어떤 법칙이나 어떤 목적을 고려하지 않은 채 그저 바라만 보아도 그가 거기 있는 방식 그대로 우리 마음에 들 수도 있다. 이 마지막 특질로 우리는 그를 미적인 사람이라고 판단하는 것이다. 그러므로 건강을 위한 교육〔體〕, 통찰력을 위한 교육〔知〕, 도덕성을 위한 교육〔德〕, 취향과 아름다움을 위한 교육〔美〕이 있는 것이다. 이 마지막 것은 우리의 감각적 힘과 정신적 힘들의 전체를 가능한 조화롭게 발전시키는 것을 목적으로 한다.

또 한편 잘못된 취향에 오도되어 그리고 잘못된 생각을 통해 오류에 점점 깊이 빠져들어 방종을 미적인 개념에 포함시키는 일이 많기 때문에 나는 여기서 불필요한 말을 덧붙여야겠다(미적인 교육에 관한 이 편지들은 바로 이런 잘못을 반박하는 일에 거의 전적으로 치중하는 것이지만). 미적인 상태에서 마음은 자유롭게 행동하고 모든 강제에서부터 최고도로 자유로운 것이 사실이지만, 결코 법칙에서 벗어나는 행동을 하는 것은 아니다. 이 미적인 자유는 오로지 다음의 점에서만 사유에서의 논리적 필연성이나 의지에서의 도덕적 필연성과 구분된다. 즉 미적인 법칙들은 어떤 저항도 받지 않으므로 강제로 **여겨지지 않는다**는 점에서만 논리적 필연성 및 도덕적 필연성과 구분된다〔미적인 상태에서 인간은 논리적 필연성과 도덕적 필연성에 따른 것과 동일한 행동을 한다. 다만, 자발적으로 좋아서 한다는 것만이 차이이다〕.

미적 상태는 가득 채워진 무한성

앞의 편지〔열아홉째 편지〕 서두에서 밝혔듯이 두 가지 규정 가능성의 상태가 있으며, 두 가지 규정의 상태가 있습니다. 나는 이제 이 명제를 분명하게 할 수 있습니다.

기질〔Gemut, 마음〕은 아예 규정되어 있지 않는 한 규정 가능합니다. 그러나 아무것도 배제하지 않는 방식으로 규정된 경우에도, 즉 기질에 주어진 규정이 제한을 포함하지 않을 경우에도 규정 가능합니다. 전자는 단순한 규정 없음이고(현실이 없기에 제한도 없지요), 후자는 미적인 규정 가능성입니다(기질이 모든 현실을 통합해 포괄하기에 제한을 갖지 않습니다).

기질은 오직 제한을 받음으로써만 규정됩니다. 그러나 이것은 자신의 절대적 능력으로부터 스스로를 제한하는 경우에도 규정됩니다. 전자의 경우는 기질이 느낄 때 일어납니다. 후자의 경우는 기질이 생각할 때 일어납니다. 그러므로 규정이라는 관점에서는 생각인 것이 규정 가능성이라는 관점에서 보면 미적 성향입니다. 생각은 내면의 무한한 힘에서 나온 제한이고, 미적 성향은 내면의 충만함에서 나온 부정입니다. 감각과 사유는 단 하나의 점에서만 서로 만나게 됩니다. 즉 이 두 가지는 기질이 규정되어 있다는 점에서만 같은 것이지요. 다시 말해서 인간이 배타적인 방식으로 둘 가운데 어느 하나, 즉 개체이거나 개성이라는 것이고, 그 밖의 점에서 이 둘은 서로 무한극으로 떨어져 있습니다. 마찬가지로 미적인 규정 가능성은 단순한 규정 없음과 단 한 가지 점에서만 일치합니다. 즉 이 둘은 규정된 삶을 배제한다는 점에서 같습니다. 나머지 모든 점에서 이 둘은 마치 전부alles와 아무것도 아님nichts처럼 완전히 다른 것입니다. 그러므로 결핍으로 인한 규정 없음이 **비어 있는 무한성**이라면, 미적인 규정 가능성은 비어 있는 무한성에 대한 실질적인 반대로서 **가득 채워진 무한성**이라고 해야 할 것입니다. 또한 이것은 앞의 탐구들이 보여주는 표상과 정밀하게 일치하는 것이기도 합니다.

그러므로 전체 능력이 아닌 단 하나의 결과에만 주목하는 한, 미적인 상태에서는 온갖 특수한 규정이 결핍되어 있다는 측면에서 인간은 **제로**입니다. 따라서 **지식**이나 **품성**의 측면에서 보면 아름다움과 아름다움이 우리 기질에 불러일으킨 감정 상태가 완전히 무관하고도 쓸모없는 것이라고 선언하는 사람들이 전적으로 옳다고 인정하지 않을 수 없습니다. 그들은 전적으로 옳습니다. 왜냐하면 아름다움은 이해력을 위해서나 의지를 위해서 그 어떤 결과도 산출하지 못하기 때문입니다. 아름다움은 지적인 것이든 도덕적인 것이든 그 어떤 목적도 달성하지 못합니다. 단 하나의 진실도 찾아내지 못하고 우리가 어떤 의무를 이행하도록 돕지도 않으며, 한마디로 품성을 형성하는 일이나 두뇌를 일깨우는 일 그 어느 것에도 맞지 않습니다.

그러므로 미적인 문화[교육]를 통해서는 한 인간의 개인적 가치나 품위는 그것이 오로지 그 자신에게만 달려 있는 한 아직은 전혀 규정되지 않은 그대로입니다. 이제부터는 **자연의 은총 덕분에** 자신이 원하는 대로 자신을 만들어내는 일이 가능해졌다는 것, 자신이 마땅히 그렇게 되어야 할 존재가 될 자유가 완전히 그 자신에게 주어졌다는 것 말고는 말이지요.

그러나 바르 그럼으로써 무한한 어떤 것이 달성된 것입니다. 왜냐하면 감각할 때에는 자연의 일방적인 강제를 통해서, 생각할 때에는 이성의 배타적인 입법을 통해서 인간이 바로 이 자유를 빼앗겼다는 사실을 기억한다면 미적인 정조에서 인간이 되돌려받은 그 능력[자유]은 모든 선물 가운데데서도 최고의 선물, 인성 자체를 받은 것이라고 보아야 하니까요. 물론 인간은 소질만으로는 그 어떤 규정된 상태 이전에도 이미 이 같은 인성을 가지고 있습니다. 하지만 실제로는 그 어떤 규정된 상태에 들어서는 그것을 잃어버립니다. 또한 반대의 규정된 상태로 넘어가기 위해서는 미적인 삶을 통해 매번 자신의 인성을 새로 돌려받아야 합니다.●

● 어떤 품성은 매우 빠른 속도로 감각에서 생각과 결정으로 넘어가므로 이런 빠른 속도가 그 순간 필연적으로 통과하는 미적인 정조를 거의 또는 전혀 알아채지 못하게 한다. 이런 기질들은 규정 없음의 상태를 오래 견디지 못하고, 미적인 무제한의 상태에서는 찾아내지 못하는 어떤 결과들을 향해 참을성 없이 돌진해간다. 그에 반해, **개별** 능력의 활동보다 **전체적인** 능력을 가졌다는 느낌에서 만족을 구하는 사람들에게 미적인 상태는 **훨씬 광범위하게** 펼쳐진다.

그러므로 우리가 아름다움을 우리의 두 번째 창조자라고 부른다면 그것은 단지 시적으로 허용된 말일 뿐만 아니라 철학적으로도 옳은 것입니다. 아름다움은 우리에게 인성의 가능성만을 마련해주고, 나머지는 우리의 자유의지에 맡기지만 이 점에서도 아름다움은 본래 우리를 창조한 자연과 같습니다. 자연도 우리에게 인성을 향한 능력만을 부여하고, 그것의 사용은 우리 자신의 자유의지에 맡기고 있으니까요.

앞의 사람들이 공허함을 두려워하듯이 뒤의 사람들은 제한을 참을 수 없어 한다. 앞의 사람들은 구체적인 일이나 부분을 위한 종속적인 일에 어울리고, 뒤의 사람들이 이 능력을 현실성과 결합시킨다면 전체를 위해, 그리고 위대한 역할을 수행하기 위해 태어난 사람들이라는 사실을 여기에서 새삼 언급할 필요는 없을 것이다.

스물두째 편지

미적 상태와 예술 장르의 특성

기질[마음]의 미적인 정조는 **어떤** 점에서, 즉 개별적이고 제한된 작용이라는 관점에서 바라보면 **제로**로 여겨지지만, 다른 점에서 보면 **최고** 현실성의 상태로 여겨질 수 있습니다. 다시 말해서 미적인 정조에서 공통으로 작용하는 힘들의 총합을 주목하면 모든 제한이 사라진 상태로 나타나는 것이지요. 그러므로 지식과 도덕성이라는 측면에서 볼 때 미적인 상태가 가장 생산적인 상태라고 선언하는 사람들 또한 틀렸다고 할 수 없습니다. 그들도 전적으로 옳습니다. 왜냐하면 인성 전체를 자기 안에 포함하는 기질의 정조는 능력으로 보면 필연적으로 인성의 개별적인 발현 하나하나를 자기 안에 포함하는 게 분명하기 때문이니까요. 인간 본성 전체에서부터 모든 제한을 제거하는 이 같은 정조는 인성의 발현 하나하나에서부터도 제한을 제거할 것이 분명하기 때문입니다.

이런 정조는 인성의 개별적인 어떤 기능도 배타적으로 보호하지 않으므로 각 기능을 차별 없이 보호합니다. 그리고 그것이 모든 기능을 가능하게 하는 근거이므로 어떤 한 가지 기능을 선별해 은총을 베풀지는 않습니다. 다른 모든 실행은 기질에 어떤 특수한 기량을 부여하지만 동시에 특수한 제한도 부여합니다. 오직 미적인 실행만이 기질을 무한으로 이끌어갑니다.

우리가 빠져들 수 있는 다른 모든 상태는 그 이전 상태에 우리를 연관시키고, 그 상태가 끝나기 위해서는 뒤따르는 상태가 필요합니다. 오직 미적인 상태만은 스스로 전체입니다. 이는 자신의 기원과 지속을 위한 모든 조건을 자신 안에 포함하기 때문이지요. 우리는 여기에서만 마치 시간에서 벗어난 듯이 느끼게 됩니다. 여기에서만 우리의 인성은 외부의 힘들이 개입함으로써 생기는 어떤 단절도 겪은 적이 없는 듯 순수함과 **통합**Integrität으로 나타나는 것입니다.

직접적인 느낌에서 우리의 감각에 들어오는 것은[지각 대상, 지각 내용] 우리의 다감하고 변하기 쉬운 기질을 그 모든 인상을 향해 활짝 열어주지만, 바로 그만큼 우리에게서 [생각을 위한] 긴장을 줄여버립니다. 우리의 지적 능력을 긴장시켜 추상적 개념들로 안내하는 것은 온갖 종류의 저항을 하도록 우리의 정신을 강화시켜주기는 하지만, 바로 그만큼 정신을 냉정하게 만들고 독립을 마련해준 만큼 우리에게서 감수성을 빼앗아 갑니다. 바로 이 때문에 그 각각은 필연적으로 지쳐버리게 되지요. 재료는 형성하는 힘 없이 오래 견딜 수 없으며, 힘 또한 형성할 재료 없이는 견딜 수 없기 때문이지요.

그에 비해 참된 아름다움을 즐기는 일에 자신을 바치면 그 순간만큼 우리는 자신의 수동적인 힘과 능동적인 힘에 똑같이 주인이 되는 것이고, 진지함이나 놀이에 대해서, 휴식이나 움직임에 대해서, 복종이나 저

항에 대해서, 추상적 사유나 바라봄에 대해서 똑같이 편안한 마음으로 임하게 됩니다.

힘과 활기가 결합된 이렇게 높은 수준의 평정심과 정신의 자유야말로 진짜 예술작품이 우리에게 불러일으키는 바로 그 정조입니다. [어떤 예술작품이] 올바른 미적인 재보인지의 여부를 판가름하는 이보다 더 확실한 시금석은 없습니다. 이런 종류의[예술의] 즐거움을 누리고 난 다음 우리가 어떤 특정한 감각방식이나 행동방식에는 이끌리고 다른 것에는 서툴고 또 싫어한다면, 그것은 **순수하게 미적인** 체험을 한 것이 아니라는 확실한 증거가 됩니다. 대상에 문제가 있었거나, 우리의 감각방식에 문제가 있었거나 아니면 (거의 언제나 그렇듯이) 양쪽 모두에 문제가 있었던 것이지요.

현실에서는 순수하게 미적인 작용을 만날 수 없으므로(인간은 결코 힘에 대한 의존에서 벗어날 수 없으므로), 미적인 순수함이라는 이상에 접근해간다는 사실에서만 한 예술작품의 탁월함이 존재합니다. 아무리 높은 수준의 자유까지 올라가도 우리는 언제나 어떤 특수한 정조를 품은 채, 그리고 독특한 방향성을 지닌 채 그 작품을 떠나게 됩니다. 그러므로 어떤 특정한 예술 장르를 통해서 그리고 그 장르에 속하는 어떤 특정한 작품을 통해서 우리의 기질에 주어지는 정조가 일반적인 것일수록 또 그 방향성이 덜 제한될수록 그 장르는 더욱 고귀하고, 그 작품은 탁월한 것입니다.

이 같은 사실은 여러 예술 장르의 작품들과 동일한 장르에 속하는 여러 작품들을 가지고 시험해볼 수 있습니다. 우리는 격렬한 감정을 지닌 채 아름다운 음악을 떠나고, 생생한 상상력을 지닌 채 아름다운 문학작품을 내려놓고, 지성이 자극을 받은 채 아름다운 조각품이나 건축물의 곁을 떠납니다. 그러나 누군가 우리를 어떤 고귀한 음악적 체험을 한 바로 직후 추상적인 생각을 하도록 이끈다면, 그리고 고상한 시적 체험을 한 바로 직후 지겨운 일상생활로 우리를 이끈다면, 또한 아름다운 그림이나 조각품을 관찰한 직후 우리의 상상력을 달아오르게 하고 우리의 감정을 놀라게 하려 한다면 시간을 잘못 선택한 것이지요.

그 까닭은 가장 정신적인 음악이라 하더라도 **그 물질로 인해** 참된 미적인 자유가 허용하는 것 이상으로 감각에 대해 친화력을 갖기 때문입니다. 또한 가장 성공적인 문학작품이라 하더라도 참된 아름다움의 내적 필연성이 실제 허용하는 것 이상으로 **문학작품의 매체**인 상상력의 임의적이고도 우연한 놀이의 작용을 받고 있기 때문입니다. 가장 탁월한 조각품이라 해도—그리고 어쩌면 이것이 가장 심하게—**그 개념의 규정 상태로 인해** 엄격한 학문의 경계에까지 다가가기 때문입니다.

이 세 가지 장르의 예술작품이 성취하는 정도가 높으면 높을수록 이 같은 특정한 친화력은 사라지게 됩니다. 그리고 각자의 객관적인 경계선을 변경하지 않은 채 이렇게 상이한 예술 장르들이 **기질에 미치는 작용의** 측면에서 서로 점점 더 비슷해지는 것이 예술적 완성의 필연적이고도 자연스러운 결과이지요. 음악은 최고도로 고귀해진 가운데 형성력이 되어 고대의 고요한 힘으로 우리에게 작용해야 합니다. 조형예술은 최고로 완전한 가운데 음악이 되어 직접적이고 감각적인 현재를 통해 우리에게 감동을 주어야 합니다. 시예술은 가장 완전하게 발전된 상태에서 음악처럼 우리를 강력하게 사로잡고, 동시에 조각 작품처럼 고요한 명료함으로 우리를 둘러싸야 합니다.

각 예술 양식이 각각의 특수한 이점을 없애지 않으면서도 그 한계를 없애고, 각자의 독특함을 현명하게 이용해 각각의 예술에 더 한층 일반적인 특성을 부여하는 것이야말로 그 예술의 완전한 양식에 대한 표지가 되는 것이지요.

어떤 예술 장르의 특성이 수반하는 한계뿐 아니라 예술가가 다루는 특수한 재료[소재]에 따르는 한계도 그가 재료를 다루는 방식을 통해 극복하지 않으면 안 됩니다. 진짜 성공적인 예술작품에서 내용은 아무 작용도 하지 않고 형식이 모든 작용을 해야 합니다. 왜냐하면 형식을 통해서만 전체의 인간에게 작용하고, 내용을 통해서는 오직 개별적인 힘들에 작용하기 때문이지요. 내용은 그것이 아무리 숭고하고 포괄적인 것이라도 언제나 제한적으로만 정신에 작용합니다. 오직 형식에서만 참된 미적인 자유를 기대해볼 수 있습니다.

형식을 통해 재료를 없앤다는 바로 그 점에 대가大家의 예술적 비밀이 있습니다. 재료가 그 자체로서 인상적인 것일수록, 오만할수록, 유혹적인 것일수록, **재료 자체**가 우리에게 작용하려고 하면 할수록, 관찰자가 재료와 직접 관계하려는 경향을 가질수록 재료를 물리치고 재료를 지배하는 예술이야말로 더욱 승리하게 됩니다. 관객의 기질은 완전히 자유롭게, 손상당하지 않은 채로 있어야 합니다. 창조자의 손을 떠날 때의 모습 그대로 순수하고도 완전하게 예술가의 마법의 영역을 떠나야 합니다.

매우 경박한 대상이라 하더라도 우리가 가장 중요한 일을 향해 나가고 싶은 마음을 직접 그 대상에서 느낄 수 있도록 다루어져야 합니다. 가장 진지한 재료라도 가장 가벼운 놀이와 맞바꿀 수 있도록 다루어져야 하지요. 격정의 예술이—비극 같은—앞에서 이야기한 주장에 대한 반박이 되지는 못합니다. **첫째로** 그것은 어떤 특별한 목적(비장함)에 기여하고 있기 때문에 완전히 자유로운 예술이라고 할 수 없습니다. **둘째로** 예술에 대한 참된 식견을 가진 사람이라면 이런 종류의 예술작품이라도 최고 격정의 폭풍 속에서 기질의 자유를 많이 보존할수록 더욱 완전한 예술이라는 사실을 부정하지 않을 것입니다.

정열에 관한 아름다운 예술은 존재합니다. 그러나 아름다운 정열적 예술이란 모순 개념입니다. 이는 아름다움의 필연적인 효과는 정열에서 자유롭게 하는 것이기 때문이지요. 마찬가지로 아름다운 교훈적(교육적) 예술이나 교화시키는 (도덕적인) 예술도 모순 개념입니다. 왜냐하면 기질에 어떤 특정한 경향성을 주는 것보다 더 아름다움의 개념에 충돌하는 것은 없기 때문입니다.

어떤 예술작품이 오로지 그 내용으로만 효과를 만들어낸다고 해서 그것이 반드시 작품 자체에 형식이 없음을 입증한다고 할 수는 없습니다. 그것은 똑같은 빈도로 관찰자에게 형식이 결핍되어 있음을 입증할 수 있습니다. 관찰자가 너무 긴장하고 있거나 너무 느슨하게 풀어져 있다면, 그가 오직 지성으로만, 오직 감성으로만 수용하는 일에 습관이 되어 있다면 가장 성공적으로 실현된 전체에서도 오직 부분에만 주목할 것이고, 가장 아름다운 형식에서도 오직 물질에만 주목할 것입니다.

오직 조잡한 **요소**만을 수용함으로써 그는 한 예술작품을 미적인 유기체로 즐기기 전에 먼저 그것을 파괴하고, 예술가가 무한한 기술로 전체의 조화 안에 사라지도록 만든 부분들을 캐내야만 직성이 풀리는 것이지요. 그런 사람이 예술작품에서 갖는 관심은 단순히 도덕적이거나 물리적인 것입니다. 그것이 무엇이든 미적인 것은 아니지요. 그런 독자들은 설교처럼 진지하고 감동적인 시를 즐기고, 취하게 하는 음료처럼 단순하거나 익살스러운 것을 좋아합니다. 그리고 그런 사람들이 극단적으로 취향이 결핍된 나머지 비극이나 서사시에서—그것이 비록 메시아에 관한 것이라도•—**교화**를 요구할 정도라면, 그들은 아나크레온풍이나 카툴루스풍의 시••를 보면 틀림없이 분노를 느낄 것입니다.

• 클롭슈토크의 〈메시아〉(1784)에 대한 암시(옮긴이).

•• 아나크레온Anacreon, BC 570?~BC 480?은 고대 그리스(기원전 6세기 후반)의 서정시인. 사교적이고 즐거운 서정시를 썼다. 18세기에 그를 모방한 시를 아나크레온풍 시라고 부른다. 카툴루스Catullus, BC 84~BC 54는 고대 로마의 시인으로, 에로틱한 시로 명성을 얻었다(옮긴이).

미적 상태에서만 도덕적·윤리적 상태가 발전되어 나옴

앞에서 제기한 명제들을 실제 예술 및 예술작품 판단에 적용하기 위해〔열아홉째에서 스물두째 편지〕 잠시 멈추었던 원래 탐구의 실마리를〔열여섯째에서 열여덟째 편지에서 진행하던〕 이제 다시 잡기로 하지요.

수동적인 감각 상태에서 사유와 의지라는 활동적인 상태로 옮겨가는 일은 미적 자유라는 중간 상태를 통과하지 않고서는 일어날 수가 없습니다. 이런 미적 상태가 그 자체로는 우리의 통찰력이나 신념을 위해 그 무엇도 결정하지 않으며, 따라서 우리의 지적인 가치나 도덕적 가치를 완전히 문제 상태 그대로 남겨두기는 하지만, 그런데도 미적 상태는 우리가 통찰력과 신념에 도달하기 위해 없어서는 안 되는 조건입니다. 한마디로 감각적인 인간을 이성적으로 만들기 위해서는 그를 우선 미적으로 만드는 것 외에는 다른 방법이 없다는 말이지요.

그러나 당신은 이런 중개가 필요치 않다고 내게 반박하고 싶으신가요? 진실과 의무는 이미 그 자체로서 그리고 스스로를 통해 감각적인 인간에게도 접근 가능한 것이어야 한다고 말입니까? 이 점에 대해서는 다음과 같이 대답해야겠군요. 진실과 의무는 그렇게 할 수 있을 뿐만 아니라 규정하는 힘을 스스로 지닌 것이라고 말입니다. 이와 반대되는 의견을 옹호하고 있다는 겉모습만 보여도 지금까지의 내 주장에 이보다 더 모순되는 것은 없습니다.

아름다움이 이해력을 위해서나 의지를 위해서 그 어떤 결과도 산출하지 않는다는 사실은 분명히 입증되었습니다. 또 사유나 결심을 하는데도 끼어들지 않으며, 이 두 가지를 위해 능력을 제공하기는 하지만 능력의 실제 사용에 대해서는 전혀 아무런 결정도 하지 않는다는 사실도 입증되었습니다. 그 실제 사용을 위해서는 외부로부터 아무 도움 없이 순수한 논리적 형식인 개념이 이해력에게 직접 말해야 하고, 순수한 도덕적 형식인 법칙이 의지에게 직접 말을 해야 합니다.

아름다움이 그런 일을 하기〔감각적 인간을 이성적으로 만들기〕 위해서는, 즉 감각적인 인간을 위해 순수한 형식이란 것이 존재하려면 기질의 미적인 정서를 통해 먼저 이것이 가능해져야 한다고 나는 주장하는 바입니다. 진리란 현실이나 사물의 감각적 현존처럼 밖에서부터 받아들일 수 있는 것이 아닙니다. 그것은 사고력이 독자적으로 자유로운 상태에서 산출해내는 것으로, 감각적 인간에게 부족한 것이 바로 이 독자성이며 자유입니다.

감각적 인간이란 이미 (물리적으로) 규정되어 있으며, 따라서 자유로운 규정 가능성을 갖지 않습니다. 감수하는〔수동적인〕 규정을 능동적인 규정으로 바꾸기 전에 인간은 먼저 이 잃어버린 규정 가능성을 반드시 되찾아야 합니다. 그러기 위해서는 인간이 이미 갖고 있던 수동적인 규정을 잃어버리거나 아니면 자신이 지향해야 할 **능동적인 규정을 미리 속에 지니고 있는 것** 외에는 달리 그것을 되찾을 수가 없습니다. 인간이 단순히 수동적인 규정을 잃어버린다면 이와 동시에 능동적인 규정의 가능성도 잃어버리게 될 것입니다. 생각이란 반드시 몸을 필요로 하며, 형식이란 오직 물질에서만 실현될 수 있기 때문이지요. 그러므로 그가 능동적인 규정을 이미 자신 안에 지니고 있었다고 해야 할 것입니다. 수동적이고도 능동적으로 규정되어 있어야 하는데, 다시 말하면 미적으로 되어야 한다는 뜻이지요.

기질의 미적인 정조[Stimmung, 조율 상태]를 통해 감각성의 영역에서 이미 이성의 독자적 활동성이 열리면 감성의 지배는 제 자신의 영역에서 벌써 깨집니다. 물리적 인간이 그 정도로 고귀해지면 이제는 정신적 인간이 자유의 법칙에 맞추어 물리적 인간에게서 솟아나오기만 하면 됩니다. 그러므로 미적인 상태에서 논리적·도덕적 상태에 이르는(아름다움에서 진리와 의무에 이르는) 발걸음은 물리적 상태에서 미적인 상태에 이르는(맹목적인 삶에서 형식에 이르는) 발걸음보다 비교할 수 없을 정도로 가볍습니다.

미적인 상태에서 논리적·도덕적인 상태에 이르는 발걸음은 그 자신의 단순한 자유만으로 성취할 수 있습니다. 자신을 내주는 것이 아니라 자신을 받아들이고, 자신의 본성을 확장하는 것이 아니라 그냥 분화하기만 하면 되는 일이니까요. 미적으로 조율된 인간은 그 자신이 원하기만 하면 보편적으로 타당하게 판단하며, 보편적으로 타당하게 행동합니다. 거친 물질에서 아름다움에 이르는 발걸음은 — 완전히 새로운 활동이 그의 내면에 새로 열어주어야 하는 것 — 자연이 그것을 쉽게 만들어주지 않으면 안 되는 일입니다. 의지를 존재하게 해주는 미적 정조에 의지가 명령을 내릴 수는 없습니다.

미적인 인간을 통찰력과 위대한 도덕적 신념에 이르게 하기 위해서는 중요한 자극만 주면 됩니다. 감각적인 인간에게서 같은 효과를 얻으려면 먼저 그의 본성을 변화시켜야 합니다. 미적인 인간을 영웅 또는 지혜로운 인간으로 만들기 위해서는 단지 숭고한 상황의 도전만 (가장 직접적으로 의지력에 작용하는) 필요한 경우가 많습니다. 감각적 인간이라면 그런 것을 성취하기 위해서는 먼저 그를 다른 하늘 아래로〔미적 상태로〕 데려가야만 합니다.

그러므로 문화〔교육〕의 가장 중요한 과제 가운데 하나는 인간을 단순히 물리적 삶의 단계에서 이미 형식에 종속시키고, 아름다움의 영역이 미칠 수 있는 한 그를 미적으로 만드는 것입니다. 왜냐하면 물리적 상태가 아니라 미적인 상태에서만 도덕적 상태가 발전되어 나올 수 있기 때문입니다. 인간이 모든 개별적인 경우에 자기 판단과 자기 의지를 〔전체로서의〕 종種의 판단으로 만들 능력을 가져야 한다면, 제한된 삶에서 무한한 삶으로 이르는 통로를 발견해야만 한다면, 모든 종속된 상태에서 독자적 활동성과 자유를 향해 날아오를 수 있어야 한다면, 그가 단 한순간도 단순히 개체가 되거나 또는 단순히 자연법칙에 종속되지 않도록 해주어야 합니다. 인간이 자연목적의 좁은 한계에서 벗어나 이성적 목적으로 올라설 수 있는 능력을 갖추어야 한다면 그는 이미 **자연목적**의 **단계에서** 이성목적의 단계를 위한 훈련이 되어 있어야 하며, 정신적 인간들이 지닌 자유를 지니고, 즉 아름다움의 법칙에 맞추어 자신의 물리적 규정을 실행하고 있어야 합니다.

인간은 자신의 물리적 목적에 조금도 모순되는 일 없이 그것을 행할 수가 있지요. 인간을 향한 자연의 요구들은 인간이 **행하는 것**, 즉 행위의 **내용**만을 향합니다. 인간이 행하는 **방식**, 즉 행위의 형식은 전혀 자연목적에 따라 규정되지 않습니다. 이에 반해 이성의 요구들은 엄격하게 그의 활동 형식에 초점이 맞추어져 있습니다. 그러므로 인간이 순수하게 도덕적이라는 것을 입증하고, 절대적인 독자적 활동성을 입증하는 것이 인간의 도덕적 규정에 필수적인 일이라면 [다른 한편으로] 그가 순수하게 물리적인가, 절대적 수동성으로 행동하는가 하는 것은 그의 물리적 규정과는 상관없는 일입니다.

물리적 규정만 놓고 본다면 인간이 그것을 단순히 감각 존재로, 그리고 자연의 힘으로(다시 말해서 제게 가해진 작용 그대로 반응하는 힘) 실행하느냐 아니면 그것을 동시에 절대적 힘으로, 즉 이성 존재로 실행하느냐 하는 것은 전적으로 그 자신의 의사에 달린 문제이고, 둘 가운데 어느 쪽이 더 인간적 품위에 어울리느냐 하는 것은 관심거리조차 되지 못합니다. 그가 순수한 의무 동기에서 결정해야 마땅한 일을 감각적 충동에 따라 행한다면 그것은 그의 품격을 떨어뜨리고 수치스럽게 만드는 것입니다.

마찬가지로 비속한 인간이라면 허용된 욕구만을 충족하는 데 그칠 일에서 법칙성, 조화, 무한성을 추구한다면 그것은 인간을 명예롭고 고귀하게 만들어주는 것입니다.● 한마디로 말하면 진리와 도덕성의 영역에

● 범속한 현실을 이토록 정신적으로 그리고 미적으로 자유롭게 다룬다는 것은 그것이 어디서 일어나든 **고귀한**edel 영혼의 징표이다. 고귀하다는 것은 극히 제한된 일이나 매우 하찮은 대상조차 그것을 다루는 방식에 의해 무한한 것으로 만드는 재능을 가진 기질을 일컫는 말이다. 그 본성상 오로지 **어떤 목적을 위해 사용되는** (단순한 수단인) 것에 독자성의 각인을 새기는 모든 형식을 고귀하다고 한다. 고귀한 정신이란 스스로 자유롭다는 것으로는 만족하지 못하고 자신의 주위에 있는 모든 것, 생명 없는 것까지도 자유롭게 해야만 직성이 풀리는 정신이다.
그러나 현상에서 자유가 모습을 드러낼 수 있는 유일한 표현방식은 아름다움뿐이다. 그 때문에 어떤 얼굴이나 어떤 예술작품에서 **지성**이 우세하게 드러나 있는 경우 그것은 결코 고귀하다고 할 수 없으며, 절대로 아름답지도 않다. 그것은 종속의 관계를(합목적성에서 결코 빠질 수 없는) 감추는 것이 아니라 오히려 드러내기 때문이다.
도덕철학자[칸트]는 인간이 절대로 자신의 의무를 넘어 그 **이상**을 행할 수 없다고 했는데, 이 말이 행동과 도덕법칙 사이의 관계만을 의미하는 것이라면 완전히 옳다. 그러나 어떤 목적에만 관계하는 행동에서도 이 **목적을 넘어** 초감각적인 것으로 넘어가는 것은 (우리의 맥락에서 보면 물리적인 것을 미적인 방식으로 행한다는 뜻) 동시에 **의무 이상을 행하는 것**이기도 하다. 의무는 **의지**가 성스러워야 한다고만 규정하고 있을 뿐 **자연 자체**가 성화聖化되어야 한다고 규정하지는 않기 때문이다.
그러므로 의무를 도덕적으로 넘어설 수는 없지만 미적으로는 넘어설 수 있다. 그리고 그런 행동을 고귀하다고 부르는 것이다. 그러나 고귀한 행동에서는 물질적 가치만이 요구되는 경우에도 자유로운 형식적 가치까지 나타나고, 또는 반드시 있어야 할 내적 가치에 없어도 될 외적 가치까지 덧붙임으로써 항상 필요 이상의 것이 드러나기 때문에 많은 사람들이 미적인 여분을 도덕적인 여분이라 혼동해왔다. 또한 이런 고귀한 현상에 오도되어 자의와 우연성을 도덕성 안으로 끌어들였는데, 그로 인해 도덕성이 완전히 파괴될 수도 있다.
고귀한 행동은 숭고한erhaben 행동과 구분된다. 전자는 도덕적 속박을 넘어서지만, 후자는 그렇지 못하다. 비록 우리가 숭고한 것을 고귀한 것보다 비할 바 없이 높이 평가한다 해도 그렇다. 숭고한 행동이 자기 대상(도덕법칙)의 이성 개념을 넘어서기 때문이 아니라, 자기 주체의 경험적 개념(인간의지의 선함과 강함에 대한 우리의 경험)을 넘어서기 때문에 우리는 늘 그것을 높이 평가한다.
마찬가지로 고귀한 행동은 아무런 강제도 없이 주체의 본성에서 솟아나오지만, 고귀한 행동이 주체의 본성을 넘어서기 때문이 아니라 그 대상의 본성(물리적 목적)을 넘어 정신의 영역으로 들어서기 때문에 우리는 그것을 귀하게 여긴다. 숭고함에서 우리는 대상이 인간에 대해 성취하는 승리에 경탄하고, 고귀함에서는 인간이 대상에게 부여하는 도약에 경탄한다.

서는 감각이 그 무엇도 규정해서는 안 됩니다. 하지만 삶과 행복의 영역에서는 형식이 나타나도 되고, 놀이충동이 지배해도 괜찮은 것이지요.

그러므로 여기 〔형식이 들어오든 말든〕 관심이 없는 물리적 삶의 영역에서 이미 인간은 도덕적 삶을 시작해야 합니다. 수동성에서 이미 그의 독자적 활동성이 시작되어야 하고, 감각적 한계 안에서 이미 이성의 자유가 시작되어야 합니다. 그가 자신의 취향에 자기 의지의 법칙을 부여해야 합니다. 당신께서 이런 표현을 허용해주신다면 인간은 물질의 한계 안에서 물질에 대항하는 싸움을 놀이해야 합니다. 이는 자유의 성스러운 땅에서 이 두려운 적과 싸우는 일을 피하기 위해서이지요. 인간은 **더욱 고귀하게** 욕구하는 법을 배워야 합니다. **숭고하게 의지하는 것**이 꼭 필요하지 않도록 말이지요.

이런 일은 미적인 문화〔교육〕를 통해 이루어지는 것으로, 미적 문화〔교육〕란 자연법칙도 이성법칙도 인간의 자의를 묶어버리지 못한 그 모든 인간 행동의 영역을 아름다움의 법칙에 종속시키는 것입니다. 미적 교육은 외적인 삶에 부여한 형식에서 이미 내적인 삶의 길을 열어놓습니다.

스물넷째 편지

자연 상태. 이어서 이성의 첫 발현 —삶과 웰빙만을 무한히 갈구함

그러므로 우리는 개별적인 인간이나 전체 종種으로서의 인간이 자신의 규정의 전체 순환 과정을 완성하기 위해서는 필연적으로 일정한 순서에 따라 거쳐야 하는 세 개의 시기 또는 발전 단계들을 구분할 수가 있습니다. 외부에 있는 것들의 영향이나 인간의 자의 안에 들어 있는 우연한 이유들을 통해 각각의 단계들이 더 길어지기도 짧아지기도 하지만, 어느 것도 완전히 건너뛸 수는 없으며 각각의 단계들이 나타나는 순서도 자연을 통해서나 의지를 통해서 뒤바뀔 수는 없습니다. **물리적** 상태에 있는 인간은 단순히 자연의 힘을 견딜 뿐이지요. **미적인** 상태에서는 자연의 힘에서 벗어나고, **도덕적** 상태에서는 자연의 힘을 지배합니다.

아름다움이 인간에게서 사물 자체를 향한 쾌락을 빼앗고 고요한 형식이 거친 삶을 진정시키기 이전, 인간은 무엇일까요? 목적은 한없이 단조롭고, 판단은 언제까지나 흔들리며, 자기 자신이 되지도 못하면서 이기적이고, 자유롭지도 못하면서 매어 있지도 않고, 규칙을 따르지도 않으면서 노예일 뿐이지요. 이 시기에 세계는 인간에게 단순히 운명일 뿐 아직 대상이 아닙니다.

자신의 존재를 지속시켜주는 것만이 존재하고, 자신에게 주지도 않고 자신에게서 뺏어가지도 않는 것들은 인간에게는 존재하지 않는 것입니다. 일련의 존재들 사이에 고립되고 단절되어 있는 자신의 모습을 보면서 인간은 모든 현상이 그렇게 고립되고 단절된 것이라고 여깁니다. 존재하는 모든 것은 순간의 호령에 따른 것이고, 모든 변화는 완전히 새로운 창조라고 생각하는 것이지요. 변화하는 모습들을 연결해 하나의 우주를 만들고, 또 개별적인 현상들이 사라져도 불변하는 법칙을 세계 무대에 세우는 것이 필연성[을 인식하는 능력]인데, 인간의 **내면에** 필연적인 것이 없고 밖에도[외부 세계] 필연성이 없는 상태이니까요.

자연이 그의 감각기관 앞으로 아무리 풍부한 다양성을 스쳐 지나가게 해주어도 아무 소용이 없습니다. 그 장엄한 풍요 속에서 인간은 먹이 이외에는 아무것도 보지 않으며, 자연의 힘과 위대함 속에서 오로지 적만을 찾아냅니다. 대상을 향해 돌진해 게걸스럽게 삼키려 하거나, 아니면 대상들이 자기에게 달려들어 자신을 파괴할 것이기에 혐오감으로 그것들을 밀쳐냅니다. 두 경우 모두 감각세계에 대한 인간의 관계는 직접적인 **접촉**입니다. 그들의 밀어닥침을 영원히 두려워하고, 욕구에 끊임없이 시달리며 기진맥진했을 때 이외에는 휴식을 모르고, 탐욕이 시들기 전까지는 한계를 모릅니다.

비록 강한 가슴과 거인들의
힘찬 골수가 그의……

확실한 상속분일지라도, 그의
이마에 신[제우스]은 청동의 고리를 둘렀네.
신은 그의 겁 많고 음울한 눈길이 보지 못하게
충고, 절제, 지혜, 인내를 감추었다.
모든 욕망이 그에게선 분노가 되었고
그의 분노는 끝없이 사방으로 분출하나니.

—괴테의 《타우리스의 이피게니에》에서

인간으로서 **자신**의 품위를 모르기에 인간은 다른 사람에게서도 인간적 품위를 존중할 줄 모르고, 자신의 거친 욕망을 알기에 자신과 비슷하게 보이는 온갖 피조물에게서도 거친 욕망을 지레 두려워합니다. 자신 안에서 다른 사람을 보지 못하고 다른 사람에게서 오직 자신만을 보며, 공동생활은 그를 확장해 종種으로 들어올리기는커녕 더욱 협소하게 자기 개체 안으로 몰아갑니다. 이런 한계 상태에 갇힌 채 인간은 암울한 삶을 방황하며 통과합니다. 친절한 자연이 그의 어두운 감각에서 물질의 짐을 덜어내주고, 반성[의 능력]이 사물과 그 자신을 구분해주고, 마침내 대상들이 의식의 반사광 속에 그 모습을 드러내기까지 그렇지요.

방금 묘사한 그대로의 거친 자연의 상태는 어떤 특정한 민족이나 시대에서도 입증할 수 없습니다. 이것은 단순한 이념일 뿐이지만, 개별적인 모습에서는 경험과 정밀하게 일치하는 이념입니다. 인간이 완전히 이런 동물적 상태에 있던 적은 결코 없지만, 그러나 이런 상태에서 완전히 벗어난 적도 없습니다. 가장 거친 사람들에게서도 이성이 지닌 자유의 흔적을 분명히 찾아볼 수 있는 반면, 가장 문명화된 사람들에게서도 저 어두운 자연 상태를 생각나게 하는 순간들이 없지 않습니다.

가장 고귀한 것과 가장 저열한 것을 자신의 본성 안에 결합시키는 것이 인간의 특성입니다. 그리고 인간의 〔도덕적인〕 **품위**가 고귀한 것과 저열한 것을 엄격하게 구분하는 데 있다면, 그의 **행복**은 이런 구분을 적절한 방식으로 제거하는 데 있습니다. 그러므로 그의 품위를 그의 행복과 합치시키는 일을 해야 할 문화〔교육〕는 이 두 가지 원칙이 가장 긴밀하게 혼합된 가운데에서도 각기 최고의 순수성을 유지하도록 배려해야 할 것입니다.

그러므로 인간에게서 이성이 처음으로 나타난 것을 반드시 인성의 시작이라고 할 수는 없습니다. 인성은 자유를 통해 비로소 결정됩니다. 이성이 행하는 최초의 일은 인간의 감각적 의존성을 무한하게 만드는 것입니다. 인간의 중요성과 보편성을 위해 적절하게 발전된 것이라고 할 수 없는 현상이지요.

우리가 알고 있는 것과 같이 이성은 절대성(자기 자신에 근거한 그리고 필연적인)을 요구함으로써 인간에게 인식됩니다. 이 같은 요구는 인간의 물리적 삶의 어떤 상태에서도 충족될 수 없으므로 인간에게 물리적인 것을 완전히 떠나도록, 그리고 제한된 현실에서 이념으로 올라서도록 강요합니다. 그러나 이런 요구의 참된 의미가 인간을 시간의 한계에서 벗어나 감각세계에서 이상理想의 세계로 들어올리려는 것이기는 해도, (감각성이 지배하는 이 시기에는 거의 피할 수 없는) 오해로 인해 이것은 인간을 독립적으로 만들지 못하고 오히려 물리적 삶을 지향함으로써 가장 두려운 노예 상태로 전락시킬 수도 있습니다.

실제로도 그렇습니다. 인간은 제한 없는 미래로 나아가기 위해 상상력의 날개를 펴고, 단순한 동물의 상태일 때 갇혀 있던 현실의 답답한 한계에서 벗어납니다. 그러나 어지럼증을 느끼는 그의 **상상력** 앞에 무한성이 열리고 있는 중에도 그의 심정은 아직 개체로 사는 일, 순간에만 종속되는 일을 완전히 중단하지 못합니다. 동물적인 상태 한가운데에서 절대를 향한 충동이 그를 놀라게 하지요. 그리고 이 막막한 상태에서 그의 모든 열망은 물질적인 것, 시간적인 것만을 향하고 자기 개체에만 몰두해 인간은 저 〔이성의〕 요구를 통해 개체성에서 벗어나는 것이 아니라 오히려 개체성을 무한으로 확대합니다. 형식이 아니라 끝없이 물질을 욕망하고, 불변하는 것이 아니라 영원히 계속되는 변화와 한시적인 자신의 삶을 절대로 안전하게 만들기를 욕망합니다.

인간의 사유와 행동에 적용되어 그를 진리와 도덕성으로 이끌어가야 할 충동이 지금 그의 수동적 부분과 감정에 작용해 무한한 욕망과 절대적인 본능적 욕구만 산출합니다. 그러므로 인간이 정신의 영역에서 거두어들이는 최초의 열매는 **근심**과 **두려움**입니다. 이 두 가지는 이성의 작용이지 감각성의 작용이 아닙니다. 그러나 대상을 잘못 잡고, 자신의 절대적 법칙을 물질에 직접 적용시킨 이성의 작용입니다. 이 나무에서 나온 열매들이 온갖 종류의 행복론입니다. 대상이 오늘이건 생애 전체이건 아니면 영원—그렇다고 해서 더 존경할 만한 것은 아니지만—이건 말이지요. 삶과 잘 사는 것〔웰빙〕을 무한히 지속하는 것, 오직 삶과 잘 사는 것 자체만을 위해서, 그것은 단지 욕망의 이상일 뿐이며 절대에까지 뻗어나간 동물성에서 생겨난 요구입니다.

그러므로 이런 종류의 이성의 구현을 통해서는 인성을 위해 그 무엇도 얻지 못하면서 동물의 행복한 한계만을 잊은 것이고, 이전의 동물 상태에 비해 그다지 부러워할 만한 것도 아닌 우위를 얻은 것에 지나지 않습니다. 즉 멀리 있는 것을 추구하느라 현재를 잊고, 한계 없는 멀리에서 바로 현재만을 찾는 것이지요.

그러나 이성이 그 대상을 제대로 잡고, 문제를 혼동하지 않는다고 해도 감각성은 여전히 한참 동안이나 틀린 답을 제시합니다. 인간이 제 이성을 사용하고 주변의 현상들을 원인이나 목적과 결부시키기 시작하자마자 곧 이성은 그 개념에 따라 절대적 결합, 절대적 기반을 추구합니다. 이런 요구를 내놓기 위해서라도 인간은 이미 감각성을 넘어서 있어야 하니까요. 그러나 이성은 이 같은 요구를 가지고 오직 자신의 도망자를 찾아오려고 할 뿐입니다.

여기가 바로 인간이 감각세계를 완전히 떠나 순수한 이념의 영역으로 올라서야 할 지점이 되겠지요. 오성〔지성〕이 제한된 한계 안에 멈추어 선 채 아무리 질문을 퍼부어도 궁극적인 해답을 찾아내지 못하니까요. 그러나 여기서 우리가 다루는 인간은 그런 추상의 능력을 아직 갖지 못했으므로 그는 자신의 감각적 **인식 영역**에서는 발견하지 못했고, 감각세계를 넘어 순수이성의 영역에서는 아직 탐색을 시작조차 못 해본 것을 인식의 영역 아래쪽 자신의 **감정 영역**에서 탐색해 현상의 모습 그대로를 보게 됩니다.

감각성은 그에게 그 자신의 기반이 무엇이며, 자신에게 법칙을 부여하는 것이 무엇인지 보여주지 못하지만, 기반도 모르고 법칙을 존중하지도 않는 무언가를 보여주기는 합니다. 그는 끝없이 질문하는 자신의 오성을 궁극적이고 내적인 기반을 통해 진정시킬 수 없으므로 이런 **기반 없음**이라는 개념을 통해 적어도 오성을 침묵하게 만들고, 오성이 물질의 맹목적인 강제 안에 머물게 만드는 것입니다. 아직은 이성의 숭고한 필연성을 파악할 능력이 없기 때문이지요. 감각성은 자신의 이익 외에 다른 어떤 **목적**도 알지 못하며, 맹목적인 우연 이외에는 다른 어떤 **원인**도 알지 못하므로 인간은 자신의 이익을 자기 행동의 결정자로, 그리고 우연을 세계의 지배자로 만듭니다.

인간 안에 있는 성스러운 도덕법칙조차도 감각적 삶 속에 처음 나타날 때에는 이런 오용을 피할 길이 없습니다. 도덕법칙이란 이것저것 금지하고 또 동물적인 자기 사랑의 이익에 어긋나는 것만을 요구하기 때문에 인간은 그것을 자신의 밖에 있는 어떤 것으로 여깁니다. 자기 사랑을 외부의 것으로, 이성의 목소리를 진짜 자기 자신으로 깨닫는 경지에 이르기까지는 그러합니다.

그는 이성의 목소리가 부과하는 속박만을 느낄 뿐 그것이 마련해주는 무한한 해방을 느끼지는 못합니다. 자기 내면에 있는 입법자의 품위를 짐작도 하지 못한 채 오직 강제와 신하의 무기력한 저항만을 느끼는 것이지요. 경험에서 감각충동이 도덕적 충동보다 **앞서 나타나기** 때문에 그는 필요의 법칙[감각충동의 법칙]을 시간상의 시작, 즉 **긍정적인 근원**이라 여기고 모든 잘못 가운데에서도 가장 불행한 이런 잘못을 통해 자신 안에 있는 불변하고 영원한 것을 우연의 소산으로 만들어버립니다.

그는 스스로를 설득해 옳고 그름의 개념을 어떤 의지에 의해 〔외부에서〕 도입된 법규라고만 여길 뿐, 그 자체로 그리고 언제까지나 타당한 것이라고는 여기지 않습니다. 그가 개별적인 자연현상을 설명하면서 **자연**을 넘어 자연의 밖에서 자연의 내적 법칙성 안에서만 발견할 수 있는 것을 찾아다니듯이, 도덕적 세계를 설명하면서도 **이성**을 넘어 신을 찾으려 함으로써 자신의 인성을 놓치는 것입니다. 인성을 던져버려야만 얻을 수 있는 어떤 종교가 이런 기원에 맞는 것〔인성에 반하는 것〕이라 해도, 또 영원성에 연결되지 않은 법칙들을 인간이 절대적이고 영원히 구속력을 가진 것이라고 여기지 않는다 해도 놀랄 게 없지요. 그는 거룩한 존재가 아니라 단순히 강한 존재와 관계를 맺고 있으니까요. 신에 대한 이 같은 숭배의 정신은 그의 품격을 떨어뜨리는 두려움일 뿐 그가 스스로를 평가할 때 그의 품격을 높여줄 경외심은 아닙니다.

인간이 성취해야 할 이상에서 이렇게 여러 가지 방식으로 벗어나는 일이 모두 같은 시기에 일어나는 것은 아닙니다. 생각이 아예 없는 단계에서 잘못 생각하는 단계까지, 의지가 없는 단계에서 의지를 망가뜨리기까지는 여러 단계를 거쳐야 하지만 그래도 이 모든 것은 인간의 물리적 상태의 결과입니다. 모든 경우 삶의 충동이 형식충동에 대해 주인 역할을 하고 있으니까요.

인간의 내면에서 이성이 아직 아무 말도 하지 않고 물리적인 것이 맹목의 필연성으로 인간을 지배하는 경우, 이성이 아직 감각성에서 충분히 정화되지 못하고 아직도 도덕적인 것이 물리적인 것에 봉사를 하는 경우 모두 그의 내면에서 유일하게 힘을 가진 것은 물리적인 원칙이며, 인간은 적어도 궁극적인 성향으로 판단해보면 감각적인 존재입니다. 유일한 차이라면 전자의 경우는 인간이 이성 없는 동물이고, 후자의 경우는 이성을 가진 동물이라는 점뿐입니다.

그는 둘 가운데 어느 것이어도 안 되고 오직 인간이어야 합니다. 자연이 인간을 독점적으로 지배해서는 안 되고, 이성이 그를 제한적으로 지배해서도 안 됩니다. 이 두 법칙은 완벽하게 상호 독립적으로 존재해야 하며, 그러면서도 서로 완벽하게 일치해야 합니다.

물리적 상태에서 미적 상태로 넘어가기, 아름다움이란?

처음에 인간이 물리적 상태에서 감각세계를 수동적으로 받아들이기만 하는 한, 즉 오직 느끼기만 하는 한 인간은 감각세계와 완전히 하나입니다. 그 자신이 세계이므로 그에게는 아직 세계가 없습니다. 인간이 미적 상태에서 세계를 자신의 밖에 세워야만, 즉 세계를 **관찰해야**만 그의 개성이 스스로를 세계에서 분리하고, 그제야 비로소 하나의 세계가 그에게 나타나게 됩니다. 그가 세계와 하나이기를 중단했기 때문이지요.●

● 이 두 시기가 관념상으로는 필연적으로 나뉘는 것이지만 실제로는 어느 정도 뒤섞여 있다는 사실을 한 번 더 상기시켜야겠다. 또한 인간이 이런 물질적 상태에만 빠져 있는 어떤 시기가 있고, 또 그 상태에서 완전히 벗어나는 시기가 있다는 식으로 생각해서도 안 된다. 인간이 어떤 **대상을 볼 수 있게** 되면 그는 더 이상 그 단순한 물질적 상태에만 머무는 것이 아니고, 또 대상을 보기를 계속하는 한 그는 물질적 상태에서 완전히 벗어나지 못한다. 그가 오직 느끼는 한에서만 볼 수 있기 때문이다.
스물넷째 편지 앞부분에서 이야기한 세 단계는 전체적으로 보면 인류 전체의 발전이나 한 개인의 발전에 나타나는 세 개의 시기이기는 하지만, 우리가 대상을 지각하는 과정에서도 매번 이 같은 단계들이 나타난다. 한마디로 이 세 단계는 우리가 감각을 통해 얻는 모든 인식의 필수조건들이다.

관찰(반성)은 인간이 자신을 둘러싼 세계에 대해 갖는 최초의 자유로운 관계입니다. 욕망이 대상을 직접 움켜쥐려고 한다면, 관찰은 대상을 멀리에 둠으로써 정열에서 대피시켜 대상을 진짜로, 그리고 잃어버리지 않게 소유합니다. 단순한 감각의 상태에서는 완전한 권위로써 인간을 지배하던 자연의 필연성이 반성 단계에서는 조금씩 떨어져나갑니다. 감각 안에 순간적인 평화가 찾아오고, 영원히 변화하는 시간 자체가 멈추어 섭니다. 의식의 흐트러진 광선들이 한데 모이고, 무한성의 모상模像인 **형식**이 쓰러지기 쉬운 현상의 기반 위에 자신의 모습을 비추는 순간, 이 같은 일이 일어나지요.

인간의 내면에 빛이 나타나자마자 밖에 있는 어둠도 사라지죠. 내면이 조용해지자마자 그의 밖에, 세계에 있던 폭풍도 잠잠해지고 싸우는 자연의 힘들도 확고해진 경계 사이에서 휴식을 취하게 됩니다. 그러므로 아주 옛날의 문학작품〔헤시오도스의 《신들의 계보》〕이 인간 내면에서 일어난 이 엄청난 사건을 밖에서 일어난 혁명으로 다루었다고 해도 그리 놀라운 일은 아니지요. 이 작품은 거인 사투르누스〔크로노스〕 왕국에 종지부를 찍은 제우스의 모습을 통해 시간의 법칙에 승리를 거둔 사고력〔반성〕을 그린 것입니다.

인간은 자연〔이라는 대상〕을 생각하기 시작하자마자 오직 자연을 느끼기만 하는 동안 빠져 있던 자연의 노예 상태에서 벗어나 자연의 입법자가 됩니다. 전에는 **힘**으로서 존재하며 인간을 지배하던 것이 이제는 인간의 판단하는 눈길 앞에 **대상**으로 나타납니다. 그에게 대상인 것은 그를 지배할 힘을 갖지 못합니다. 대상이 되기 위해서는 그의 힘에 종속되어야 하니까요.

인간이 물질에 형식을 부여하는 한, 그리고 형식을 가지고 있는 한 인간은 형식의 작용에서 어떤 해도 입지 않습니다. 왜냐하면 정신에서 자유를 빼앗는 것 외에는 그 무엇도 정신에 해를 입힐 수 없기 때문이지요. 그리고 정신은 형식이 없는 것에 형식을 부여함으로써 자신의 자유를 입증하니까요. 두려움은 〔물질의〕 덩어리들이 무겁고 형체 없이 지배하고, 불확실한 경계 사이로 흐릿한 윤곽들이 흔들리고 있을 때만 자리를 잡습니다. 인간이 자연의 공포에 형식을 부여하고, 그것을 자신의 대상으로 만들자마자 인간은 이미 자연의 공포를 넘어선 것입니다.

인간이 현상으로서의 자연에 맞서 자신의 독자성을 주장하기 시작하면 그는 힘으로서의 자연에 대해서도 자신의 품위를 내세우고, 자신이 섬기던 신들에 대항해서도 고귀한 자유로 맞서 일어섭니다. 신들이 어린 시절 자신을 두렵게 만들던 유령 가면을 벗으면 인간은 그 모습이 사실은 자신이 마음에 투사한 상상이었음을 깨닫고 놀라게 됩니다. 맹수의 맹목적인 강인함으로 세계를 통치하던 동방의 괴물 신들〔이집트 신들〕이 그리스인의 상상력에서는 줄어들어 친절한 인간신의 모습을 하게 되지요. 거인들의 왕국은 무너지고 무한한 힘은 무한한 형식을 통해 제어된 것입니다.

그런데 물질세계에서 빠져나오는 길과 정신세계로 넘어가는 길만을 찾다가 나는 그만 내 상상력에 이끌려 벌써 정신세계 한가운데로 들어와 버렸네요. 우리가 탐색하던 아름다움을 저 뒤편에 놓아두고 말입니다. 단순한 삶에서 곧장 순수한 형식으로, 즉 순수한 대상으로 넘어가는 바람에 아름다움의 단계를 뛰어넘고 말았군요. 하지만 이런 비약은 인간 본성에 맞지 않습니다. 인간 본성과 보조를 맞추기 위해 다시 감각세계로 돌아가야 하겠습니다.

아름다움이란 자유로운 관찰의 작업이며, 우리는 아름다움과 더불어 이념의 세계로 들어가지요. 그러나 분명히 언급해두어야 할 것은 이것이 진리를 얻으려고 할 때처럼 감각세계를 완전히 떠나기 위한 것은 아니라는 점입니다. 진리란 모든 물질적이고 우연한 것들을 제거해낸 산물이며, 주체의 어떤 한계도 남아선 안 되는 순수한 객체이고, 감수〔수동성〕가 전혀 섞이지 않은 순수한 독자적 활동입니다.

최고의 추상에서도 감각성으로 돌아갈 길이 있기는 합니다. 생각은 내적인 감정과 닿아 있고, 논리적·도덕적 통일성의 지각〔표상〕은 감각적인 일치의 감정으로 넘어가기 때문이지요. 그러나 인식에서 즐거움을 얻을 때 우리는 지각을 감정에서 아주 엄밀히 구분하고, 감정이란 여기 나타나서는 안 되는 우연의 요소로 여깁니다. 그래도〔감정의 요소가 없어져도〕 지식이 지식이기를 중단하거나, 진리가 진리이기를 중단하지 않는다는 것이지요.

그러나 **아름다움**을 표상할 때 감정 능력과의 연관성을 없애려고 한다면 그것은 헛된 시도가 될 것입니다. 〔아름다움의 표상과 감정 능력 가운데〕 하나를 다른 하나의 작용이라 여기는 것만으로는 충분하지 않고, 이 둘을 동시에 그리고 상호적으로 서로의 효과이자 원인으로 보아야 합니다. 지식에서 기쁨을 얻을 때는 활동에서 수동성으로 **넘어감**을 힘들지 않게 구분하고 수동성이 나타나면 활동이 사라지는 것을 뚜렷하게 알 수 있지요.

이에 반해 아름다움에서 즐거움을 얻을 때는 활동과 감수 사이의 이런 순차성Succession을 찾아볼 수 없습니다. 여기서는 반성이 감정과 완전히 뒤섞여 있으므로 형식을 직접 느낀다고 믿을 정도이지요. 그러므로 아름다움은 우리에게 **대상**이기는 하지만—아름다움의 느낌을 갖기 위한 조건이 반성이므로—동시에 우리의 **주체의 상태**이기도 합니다. 아름다움의 표상을 갖기 위한 조건이 감정이기 때문입니다. 아름다움은 우리가 그것을 관찰하므로 형식입니다. 그러나 우리가 그것을 느끼므로 삶이기도 합니다. 한마디로 아름다움은 우리의 상태이며 동시에 우리의 행위입니다.

아름다움이 동시에 이 둘 모두이기 때문에 그것〔아름다움〕은 수동성이 활동을, 물질이 형식을, 제한이 무한을 결코 배제하지 않음을 분명히 입증해줍니다. 아울러 인간에게 필수적인 물리적 종속 상태를 통해 그의 도덕적 자유가 절대로 말소되는 것이 아니라는 점도 입증해주지요. 아름다움이 이것을 입증해줍니다. 덧붙이자면 **오로지** 아름다움만이 이 사실을 입증해줍니다.

왜냐하면 진리를 즐기거나 논리적 일치를 즐길 때는 감정이 사고와 반드시 일치해야 하는 것이 아니라, 다만 생각의 뒤에 우연히 느낌이 따라오는 경우가 있을 뿐입니다. 그래서 진리는 이성적인 본성 뒤에 감각적인 본성이 나타날 수 있고, 그 반대도 가능하다는 사실을 우리에게 입증해줄 수 있을 뿐이지요. 그러나 이 둘이 함께 있다는 것, 서로 상대에게 작용한다는 것, 절대적·필연적으로 하나로 합쳐져야 한다는 것을 입증하지는 못합니다. 오히려 생각하는 한에서는 느낌을 배제하고, 느끼는 한에서는 생각을 배제한다는 사실에서 두 본성이 서로 **통합될 수 없다**는 사실을 추론할 수 있습니다. 실제로 분석적인 철학자들은 순수이성이 인성 안에서 실현될 수 있다는 사실에 대해 이성이 주어져 있다는 것 외에는 별다른 입증 자료를 제시하지 못합니다.

그러나 아름다움 또는 **미적인 통합**을 즐기는 데 있어서는 형식과 물질이, 수동성과 활동이 실제로 **통합**되고 상호작용을 하기 때문에 그것을 통해 두 본성의 **통합 가능성**, 무한한 것이 유한한 것 안에서 실현 가능하다는 사실, 아울러 가장 숭고한 인성이 가능하다는 사실을 실제로 입증할 수 있습니다.

그러므로 우리는 감각적인 종속 상태에서 도덕적인 자유로 넘어가는 길을 찾는 일을 당혹스럽게 여기지 않아도 됩니다. 도덕적인 자유가 감각적인 종속 상태와 완전히 병존할 수 있다는 것, 그리고 인간이 정신적 존재임을 입증하기 위해 물질에서 도망칠 필요가 없다는 예를 아름다움이 우리에게 제시해주었기 때문이지요. 또한 아름다움의 사실이 가르치는 대로 인간이 감각성을 지닌 채 이미 자유롭다면, 그리고 자유가 그 개념이 요구하는 대로 절대적이고 초감각적인 것이라면 인간이 어떻게 한계에서 무한으로 올라섰는가, 그리고 어떻게 자신의 생각과 의지 안에서 감각성과 마주서게 되는가 하는 것이 더는 문제가 되지 못합니다. 이 일이 아름다움에서 일어났기 때문입니다.

한마디로 그가 어떻게 해서 아름다움에서 진리로 넘어가는가 하는 것은 이미 문제가 아닌 것이지요. 아름다움 안에 이미 진리의 가능성이 있으니까요. 다만, 그가 어떻게 평범한 현실에서 미적 현실로, 단순한 삶의 감정에서 미적인 감정들로 넘어가는 길을 닦았는가 하는 것이 문제가 될 뿐입니다.

스물여섯째 편지

가상을 기뻐함—문화의 발전 단계 산책

앞의 편지들에서 이미 설명한 것과 같이 기질의 미적 정조[조율 상태]가 자유를 생겨나게 하는 것인만큼 미적 정조가 자유에서 생겨나지 않았고, 도덕적인 기원을 가진 것이 아님을 쉽게 알 수 있습니다. 그것은 분명히 자연의 선물입니다. 우연의 호의만이 물리적 단계의 사슬을 풀고 거친 인간을 아름다움으로 데려올 수 있습니다.

아름다움의 싹은 인색한 자연이 인간에게서 모든 원기를 빼앗을 때나 펑펑 낭비하는 자연이 인간을 온갖 긴장에서 벗어나게 해줄 때, 즉 막막한 감각성이 어떤 욕구도 느끼지 못할 때나 격한 욕망이 만족을 모를 때에는 잘 자라지 못합니다. 아름다움은 인간이 **혈거인으로** 동굴에 기거하며 영원히 혼자이고 **자기 밖에서** 인성을 찾지 못하는 곳에서는 자라지 못하고, **유목민**으로 무리를 지어 이동하면서 언제나 숫자일 뿐으로 **자기 안에서** 인성을 찾아내지 못하는 곳에서도 자라지 못합니다. 오직 인간이 자신의 오두막에 고요히 자기 자신과 더불어 있고, 밖으로 나서면 곧 종족 전체와 이야기를 나누는 곳에서만 그 사랑스런 꽃봉오리가 피어납니다.

가벼운 에테르가 아주 미세한 접촉에도 감각을 활짝 열어주고, 활기를 주는 온기를 풍요로운 물질에 불어넣어 주는 곳, 생명이 없는 피조물에서도 눈먼 덩어리의 왕국이 이미 사라져버리고 승리하는 형식이 가장 낮은 자연물까지 고귀하게 만드는 곳, 거기 즐거운 환경, 축복받은 지역에서 오직 활동만이 즐거움으로, 즐거움만이 활동으로 이끌어가는 곳, 삶 자체에서 거룩한 질서가 나오고 오직 질서의 법칙에서만 삶이 나오는 곳, 상상력은 영원히 현실에서 도망쳤지만 그런데도 결코 자연의 단순함에 의해 길을 잃지 않는 곳, 여기서만 감각과 정신, 받아들이는 힘과 형성하는 힘이 다행스런 균형을 이루어 발전합니다. 이 같은 균형이야말로 아름다움의 혼이자 인성의 조건이지요.

그렇다면 야만적인 인간이 인성을 갖추었음을 알리는 표지가 되는 현상은 어떤 것일까요? 역사에 묻는다면 동물적 상태의 노예 단계에서 벗어난 모든 민족이 동일한 모습을 보여줍니다. 즉 **가상**Schein을 기뻐하는 것, **치장**과 **놀이**를 향한 취향이 그런 표지라고 말이지요.

최고의 어리석음과 최고의 지성은 모두 실질적인 것das Reelle만을 추구하고 단순한 가상에 대해서는 완전 무감각하다는 점에서 비슷합니다. 감각에 어떤 대상이 직접 나타날 때에만 어리석음은 평화를 잃고, 그 개념들이 경험적 사실로 연결되는 경우에만 지성은 평화를 얻지요. 한마디로 어리석음은 현실을 넘어서지 못하고, 지성은 진리보다 아래쪽에 머물지 못합니다.

그러므로 현실의 욕구나 실제적인 것에 대한 집착이 결핍에서 나온 것일 경우에만, 현실에 대한 무관심과 가상에 대한 관심이 인성의 진짜 확장이자 문화를 향한 결정적인 발걸음이 되는 것이지요. 가상에 대한 관심은 먼저 외적인 자유에서 옵니다. 곤궁이 지배하고 필요성이 압박을 가하는 동안 상상력은 엄격한 쇠사슬로 현실에 꽁꽁 묶여 있습니다. 필요성이 충족되고 난 다음에야 비로소 상상력은 그 자유로운 능력을 펼칠 수가 있습니다.

그러나 이런 관심은 내적인 자유에서 나오는 것이기도 합니다. 외부의 어떤 물질에도 의존하지 않고 스스로를 통해 움직이는 힘, 달라붙는 물질을 멀리할 수 있을 만큼 충분한 에너지를 갖춘 힘을 우리에게 보여주어야 하기 때문이지요. 물건들의 현실성은 물건 자체의 것입니다. 물건에 대한 가상이 인간의 일이지요. 가상을 즐기는 마음은 인간이 자신이 받아들인 것을 즐기는 것이 아니라 자신이 행하는 것을 즐기는 일이니까요.

내가 여기에서 현실이나 진리와 구분되는 미적 가상만을 다루고, 현실이나 진리와 혼동되는 논리적 가상을 다루는 것이 아니라는 점은 매우 자명한 일입니다. 그리고 우리는 이런 미적인 가상을 사랑하는데, 그것이 더 나은 것이어서가 아니라 그것이 가상이기에 사랑하는 것입니다. 미적인 가상만이 놀이이고, 논리적 가상은 기만입니다. 미적인 가상을 가치 있는 어떤 것이라고 여긴다고 해도 진리가 해를 입지는 않습니다. 진리의 자리에 가상을 대신 밀어 넣는 위험에는 빠지지 않기 때문이지요. 오직 이 같은 경우에만 진리가 해를 입는 것이니까요. 미적 가상을 경멸한다는 것은 모든 아름다운 예술을 경멸한다는 뜻인데, 아름다운 예술의 본질은 가상이기 때문입니다.

때때로 지성이 지나치게 현실성을 추구하다 보면 아름다움의 예술 전체가 단순히 가상이라는 이유로 예술을 배척하는 경우가 있습니다. 그런 일은 지성이 앞에서 언급한 비슷함을〔최고 어리석음과 최고 지성 사이의〕 기억하지 못하는 경우에만 일어납니다. 미적 가상의 필연적인 한계에 대해서는 다른 기회에 이야기하기로 하겠습니다.•

자연이 인간에게 오직 가상을 통해서만 현실을 인식하게 하는 두 개의 감각기관을 부여했으므로 현실성에서 가상으로 인간을 이끌어가는 것은 다름 아닌 자연 자체입니다. 눈과 귀에서는 추근추근 달라붙는 물질〔인식 대상〕이 감각기관에서 분리되어 있지요. 다른 동물적 감각기관에서 우리는 대상과 직접 접촉을 해야 하는데 말입니다. 눈으로 **보는** 것은 **느끼는** 것과는 다릅니다. 오성〔인지력〕이 빛을 매개로 대상에게로 가기 때문입니다. 접촉하는〔촉각, 미각, 후각〕 대상은 우리가 견디는〔감수하는〕 힘입니다.

이에 반해 눈과 귀의 대상은 우리가 만들어내는 형식입니다. 인간이 야만적인 동안에는 접촉기관들만을 이용해 즐기게 됩니다. 이 시기 가상의 감각기관들은 접촉기관을 위해서 일할 뿐입니다. 인간은 보는 경지에

• 논문 〈미적 형식을 사용하는 데 나타나는 필연적인 한계들에 대하여Über die notwendigen Grenzen beim Gebrauch schöner Formen〉(옮긴이).

아예 도달하지 못했거나 아니면 보는 것만으로는 만족하지 못합니다. 눈으로 즐기기 시작하자마자, 그래서 보는 일이 그에게 독자적인 가치를 갖게 되자마자 그는 벌써 미적으로 자유로워지고 놀이충동도 이미 발전한 것이지요.

가상에서 즐거움을 구하는 놀이충동이 움직이면 곧바로 '모방하는 형성충동'이 그 뒤를 따르게 되는데, 이 같은 형성충동은 가상을 독자적인 것으로 여깁니다. 가상을 현실과 구분하고 형식을 몸과 구분하는 경지에 이르면 인간은 몸에서 형식을 분리해낼 수도 있게 됩니다. 형식을 구분함으로써 이미 그렇게 한 것입니다. 그러므로 모방하는 예술의 능력은 형식 능력 일반과 함께 주어집니다. 예술을 향한 충동은 다른 소질에 근거하는데, 이것에 대해서는 여기서 논의할 필요가 없을 것 같습니다. 미적인 예술충동이 빨리 발전할 것인가, 늦게 발전할 것인가 하는 것은 인간이 단순한 가상에 머무는 것을 사랑하는 정도에 달려 있는 일입니다.

모든 현실적 삶은 낯선 힘인 자연에서 나오고, 모든 가상은 지각하는 주체인 인간에게서 나오는 것이므로 인간이 본질에서 가상을 떼어내 가상의 법칙에 맞게 다룬다면 인간은 자신의 절대적 재산권을 행사한 것일 뿐입니다. 제약 없는 자유를 지닌 채 인간은 자연이 갈라놓은 것을 합쳐서 생각만 해도 다시 결합시킬 수 있고, 자연이 결합시켜 놓은 것을 마음속에서 분리함으로써 갈라놓을 수도 있지요. 그가 사물의 현실적 존재에 대해 또는 자연 영역에 대해 **자신의** 영역을 구분해주는 경계를 존중하기만 한다면 가상의 영역에서는 그 자신의 법칙만이 성스러운 것이니까요.

인간은 **가상의 예술**에서 이 같은 인간의 권리를 행하는 것입니다. 여기서 현실과 가상을 엄격하게 분리할수록, 형성력을 본질에서 멀리 떼어낼수록, 더 많은 독자성을 형성력에 부여할수록 인간은 아름다움의 영역을 확장할 뿐만 아니라 진리의 경계 또한 더욱 확고하게 수호하는 것이지요. 현실을 가상으로부터 자유롭게 만들지 않고서는 가상을 현실에서 떼어낼 수 없기 때문입니다.

그러나 인간은 오직 **가상의 세계** 안과 상상력의 실체 없는 왕국에서만 이 같은 주권을 가집니다. 그것도 이론적으로는 가상의 존재를 언급하지 않고, 실천적으로는 가상을 통해 실존을 알리려는 일을 포기하는 한에서만 주권을 갖지요. 이런 점에서 우리는 작가가 자신이 만든 이상에 실존을 부여한다면, 또는 자신의 이상으로 어떤 특정한 실존[생존방식]을 목표로 삼는다면 그가 자신의 경계를 넘어선 것을 알게 됩니다. 그는 작가로서의 권리를 넘어 이상을 지나 경험의 영역에 침범해서 단순한 가능성을 동원해 현실의 삶을 결정하려 한 것이거나, 아니면 작가로서의 권리를 포기하고 경험을 이상의 영역에 끌어들여 현실의 조건에 맞추어 가능성을 제한하려고 한 것입니다.

가상은 오직 **정직한** 한에서만(현실에 대한 모든 요구를 명백하게 포기해야만), 그리고 **독자적인** 한에서만(현실로부터의 도움이 전혀 없어도 괜찮아야만) 미적인 것입니다. 가상이 거짓된 것이어서 현실에 아부하면, 또는 순수하지 못한 나머지 자신의 작용을 위해 현실을 필요로 하게 되면 가상은 물질적 목적을 위한 저급한 도구에 지나지 않으며, 정신의 자유에 대해 아무것도 증명할 수 없게 됩니다.

그렇다고 우리가 어떤 대상에서 아름다운 가상을 볼 때 그 대상이 현실성이 없어야 한다는 뜻은 아닙니다. 우리의 판단에서 대상의 현실성을 고려하지 않기만 한다면 말이지요. 현실성을 고려하면 그것은 미적인 판단이 아닙니다. 살아 있는 여성의 아름다움은 아름다운 여성을 그린 그림과 똑같이 우리 마음에 들고 어쩌면 좀더 마음에 들 수도 있습니다. 그러나 살아 있는 여성이 그림보다 우리 마음에 더 드는 한 그것은 독자적 가상으로서 그러한 것이 아니며, 순수한 미적인 감정에 호소하는 것도 아닙니다. 살아 있는 것이라고 해도 오직 가상의 자격으로만, 현실조차도 오직 이념의 자격으로만 순수한 미적인 감정에 호소할 수 있으니까요. 물론 살아 있는 것에서도 오로지 순수한 가상만을 느낀다는 말은 가상에 생명의 요소가 없어도 된다는 경지보다 비교할 수 없이 높은 미적인 문화〔교육〕를 요구하는 일이기는 합니다.

어떤 개인이나 민족에게서 정직하고도 독자적인 가상을 보게 된다면 그 개인이나 민족이 정신과 취향을 갖추었으며, 이외에도 비슷한 온갖 탁월함을 갖추었다고 짐작해도 좋습니다. 그런 곳에서 인간이 이상과 실제적 삶을 지배하며, 소유에 대해 명예가, 향락에 대해 사상이, 생존에 대해 불사不死의 꿈이 승리하고 있음도 볼 수 있습니다. 또한 그런 곳에서는 공공의 목소리〔여론〕가 유일하게 두려운 것이고, 월계관이 제왕의 옷보다 더욱 존경을 받습니다. 오직 무기력과 도착증만이 거짓되고 가난한〔종속적인〕 가상으로 도망칩니다. 개인이나 민중이 "가상을 통해 현실을 보조하거나 현실을 통해 (미적) 가상을 보조"하는 경우—이 둘은 자주 결합되어 나타납니다만—이것은 그들의 도덕적인 무가치함과 미적인 무능함을 보여주는 것입니다.

"도덕적 세계에서 가상은 어느 정도까지 존재해도 괜찮은가?"라는 질문에 대한 답은 매우 간단하고 명료합니다. **미적인 가상인 한**, 즉 현실을 대변하려 하지 않고 현실에 의해 대변될 필요가 없는 가상인 한에는 괜찮다고 말이지요. 미적인 가상은 도덕적 진리에 결코 위협이 되지 않습니다. 만일 위협이 된다면 아주 쉽게 그것이 미적인 가상이 아니라는 것이 판명되지요. 예를 들면 아름다운 교류방식을 잘 모르는 사람은 일반적인 형식이 된 친절함을 개인적인 호의의 표시로 잘못 받아들이고는 그것에 실망하면 자신이 기만당했다고 비난할 것입니다. 또한 아름다운 교제에 서툰 사람만이 예의를 지키기 위해 거짓을 동원하고, 상대방 마음에 들기 위해 아첨을 할 것입니다.

전자의 경우는(예의상의 친절을 개인적 호의로 잘못 받아들인 것) 독자적인 가상에 대한 감각이 부족한 예입니다. 그래서 그는 진실을 통해서만 가상에 의미 부여를 하는 것이지요. 후자의 경우는(거짓이나 아첨을 동원하는 것) 현실이 부족한데, 부족한 현실성을 가상으로 대체하고 싶어하는 예입니다.

평범한 시대 비평가들이 세상에서 모든 견고한 미덕이 사라지고 모두 가상에 정신이 팔려 본질을 소홀히 한다고 탄식하는 일은 아주 흔한 일입니다. 나는 이런 비난에 맞서 시대정신을 옹호할 사명감을 느끼는 것은 아닙니다만, 이런 엄격한 도덕론자들이 그런 고발을 매우 광범위하게 일반화하다 보니 시대정신에서 거짓된 가상뿐만이 아닌 정직한 가상까지도 비난하는 경우가 많습니다. 그리고 이런 도덕론자들이 아름다움을 위해 만들어낸 예외들도 독자적 가상이 아닌 종속적 가상이 더 많습니다. 진실을 은폐하고 감히 현실을 대변하려는 기만적인 치장을 공격할 뿐만 아니라 공허를 채우고 빈약함을 덮어주는 좋은 가상마저 반대합니다. 평범한 현실을 고귀하게 만드는 이상적인 가상에도 반대하는 것이지요.

도덕적인 거짓이 매우 엄격한 그들의 진실 감정에 거슬린다는 것은 당연한 일입니다만, 유감스럽게도 그런 도덕론자들은 세련된 예절마저 이런 거짓에 포함시킵니다. 참된 공덕을 가리는 겉만 번지르르한 일은 그들의 마음에 들지 않습니다. 하지만 사람들이 참된 공덕에도 가상을 요구하고, 훌륭한 내실에도 보기 좋은 외적 형식을 빠뜨리려 하지 않는다는 점도 싫어합니다. 이전 시대의 신실함, 단단함, 순수함 등을 그리워하지만 이와 더불어 옛날 도덕의 세련되지 못한 무뚝뚝함, 이전 형식들의 무거움, 옛날 고딕양식의 과다함까지 모두 되돌아오기를 바라는 것이지요.

도덕론자들은 이 같은 판단을 통해 인성에 어울리지 않는 **물질 자체**에 대한 존경심을 입증하고 있습니다. 인성은 물질이 형성력을 받아들여 이념의 세계를 확장할 준비가 되어 있는 경우에만 물질을 높이 평가해야 합니다. 그러므로 우리 세기의 취향이 이전보다 나은 법정에 서야 한다면 이런 종류의 비난에는 그다지 귀를 기울일 필요가 없습니다. 미적인 가상에 가치를 부여한다는 사실이 아니라(우리는 이 일을 아직 충분히 하지 못했으니까요) 우리가 그것을 순수한 가상으로 만들지 못했다는 것,

현상에서 삶을 아직도 충분히 분리해내지 못했고, 그래서 이 둘의 한계를 완전히 확립하지 못했다는 사실이야말로 엄격한 재판관이 우리의 아름다움을 비난할 이유입니다.

살아 있는 자연의 아름다움을 욕망 없이 즐기지 못하는 한, 모방하는 예술의 아름다움을 그 목적에 대한 질문 없이 경탄하지 못하는 한, 그리고 상상력에 그 고유의 절대적 입법권을 인정해주지 않고, 상상력의 작품들에 표하는 경의를 통해 그 품위를 암시만 하는 한 우리는 이런 비난을 계속 들어 마땅합니다.

스물일곱째 편지

문화의 발전 단계 산책. 아름다운 가상의 왕국—미적 국가

바로 앞의 편지에서 내가 미적 가상에 부여한 드높은 개념이 일반화된다고 해도 현실이나 진실을 위해 두려워하실 필요는 없습니다. 인간이 그것을 잘못 사용할 정도로 미숙한 동안에는 그것이 일반화되지 않을 테니까요. 그리고 일반화된다면 그것은 오로지 그 어떤 오용도 불가능하게 만드는 문화[교육]를 통해서만 이루어질 수 있습니다. 독자적인 가상을 추구하는 일은 인간이 자신을 현실에 붙잡아두기 위해 필요한 것보다 더 많은 추상 능력과 심정의 자유, 의지의 에너지를 요구합니다. 그래서 그런 가상에 도달하려면 인간은 이미 현실을 넘어서 있어야 합니다. 현실로 가는 길을 면제받기 위해 이상의 길로 접어드는 것이라면 얼마나 잘못 판단한 것일까요!

여기서 다루어지는 가상이 현실에 위협이 될까 염려하실 필요는 없습니다. 오히려 현실 쪽에서 이 가상에 위협이 되는 점을 걱정해야 할 것입니다. 인간은 물질세계에 붙잡힌 채 아주 오랫동안 가상을 오직 자신의 목적을 위해서만 이용합니다. 그런 다음에야 비로소 이상의 예술에서 가상에 독자적인 개성을 인정해주게 되지요. 가상에 도달하기 위해서는 인간의 감각방식 전체에 전면적인 혁명이 필요합니다. 이런 혁명 없이는 이상을 향한 **길에** 들어서지도 못합니다. 그러므로 사심 없고 조건 없는 태도로 순수한 가상을 평가한 흔적이 보이는 곳에서는 그런 본성의 혁명이 있었다는 것, 인성이 진짜로 시작되었다는 것을 유추할 수 있지요.

이런 종류의 흔적들은 실제로 인간이 자기 삶을 **미화하려고 한** 최초의 조잡한 시도들에서 이미 볼 수 있습니다. 감각적인 내용만 따지자면 그런 미화를 통해 오히려 자기 삶이 손상받을 위험이 있는데도 말이지요. 인간이 물질보다 형성력을 더 좋아하고, 또 가상에 비추어(가상을 가상으로 인식해야 합니다) 현실을 시도해보는 모험을 시작하자마자 그의 동물적인 행동방식에 틈이 벌어지면서 그는 〔이상을 향한〕 저 끝도 없는 길에 들어선 것입니다.

인간은 본성에 충분한 것과 필요성을 만족시키는 것만으로는 만족하지 못하고 여분을 원합니다. 처음에는 욕망에 한계가 있음을 감추기 위해, 현재의 필요성을 넘어서는 즐거움을 확보하기 위해 **물질의** 여분을 원하는 것이지요. 그러나 곧 **물질**의 여분과 함께 미적인 여유를 원하게 됩니다. 형식충동을 만족시키기 위해, 그리고 모든 필요성을 넘어섰다는 만족감을 더욱 키우기 위해서지요.

미래에 쓸 예비품을 모아놓고 상상 속에서 이것을 사용할 기대감에 즐거워한다면 인간은 현재의 순간을 넘어서고는 있으나 시간 자체를 넘어선 것은 아닙니다. **조금 더** 즐기기는 하지만 **다른 방식으로** 즐기는 것은 아니지요. 하지만 그가 동시에 형성력을 자신의 즐거움 안으로 끌어들여 자신의 욕망을 만족시키는 대상의 형식들에도 주목한다면, 그는 정도나 범위로 보아 자신의 즐거움을 더욱 높였을 뿐만 아니라 즐거움의 방식을 고귀하게 만든 것입니다.

자연은 이성 없는 존재에게도 필요보다 많은 것을 주었으며, 어두운 동물의 삶에도 희미한 자유의 빛을 베풀어주었습니다. 사자가 굶주림에 시달리지 않고 어떤 맹수와도 싸울 필요가 없을 때면 남는 힘이 스스로 하나의 대상을 만들어냅니다. 사자의 힘찬 포효는 초원을 울리고 이렇게 목적 없는 낭비에서 사자는 여분의 힘을 스스로 즐기는 것이지요. 곤충은 햇빛 속에서 웅웅거리며 즐거운 삶을 누립니다. 새의 노래 선율에서 우리가 듣는 것은 욕구의 외침만은 아닙니다.

이런 움직임들에는 분명 자유가 있습니다. 다만, 모든 욕구에서 벗어난 자유가 아닌 어떤 특정한 외적인 욕구에서 벗어난 자유일 뿐입니다. 결핍이 활동의 추진력이 되는 동안 짐승은 **일을 하고**, 남아도는 힘이 추진력이 되고 삶의 여분이 행동을 자극할 때에는 **놀이를 합니다**. 혼이 없는 자연에서도 이렇듯 힘이 남아도는 일이 생기고, 물질의 의미에서도 놀이라 부를 만한 규정의 느긋함이 나타납니다. 나무는 자라지도 못하고 시들어버릴 수많은 싹을 틔우며, 자기 개체나 종족 유지를 위해 필요한 것보다 훨씬 더 많이 뿌리와 가지, 잎들을 양분에 따라 뻗어나가게 합니다. 나무가 그렇게 낭비적인 풍요함으로 사용하지도 즐기지도 않으면서 자연으로 되돌려주는 것을 생명체가 즐거운 움직임 속에 마음껏 삼켜도 되는 것이지요.

이렇듯 자연은 물질의 왕국에서 이미 무한성의 전조를 보여주며 형식의 왕국에서는 완전히 사라질 쇠사슬이 여기에서 이미 **일부는** 없어지고 있는 것이지요. 자연은 필요성의 강요와 **물질적인 진지함**에서 출발해 저 여분의 강제 또는 **물질적 놀이**를 통과해서 미적인 놀이로 넘어갑니다. 자연은 아름다움의 드높은 자유 속에서 목적이라는 쇠사슬을 뛰어넘기 전에 목적이자 수단인 **자유로운 움직임** 속에서 이렇듯 멀리서나마 독립성에 다가가는 것입니다.

신체기관이 그렇듯이 인간의 상상력도 자유로운 움직임과 물질적 놀이를 가집니다. 상상력은 물질적 놀이에서 형성력과는 전혀 무관한 가운데 오직 자신의 힘과 속박되지 않은 상태만을 기뻐합니다. 형식의 어떤 요소도 놀이에 끼어들지 않은 채 속박 없는 연속의 이미지들만이 그 매력이 되는 동안—그런 이미지들이 분명 인간에게만 주어진 것이기는 해도—그것은 여전히 인간의 동물적인 삶에 속하는 것으로서 독자적인 형성력이 되지 못하고, 그저 외적인 감각의 강요에서 벗어났음을 입증할 뿐입니다.●

● 일상생활에서 통용되는 많은 놀이는 '자유로운 이념 연속'이라는 감정에 전적으로 근거하거나, 아니면 이 같은 감정에서 가장 큰 매력을 이끌어낸다. 그것이 자체로는 더 높은 본성을 거의 입증하지 않더라도, 그리고 가장 무기력한 사람들이 즐겨 이렇게 방해받지 않는 이미지들의 흐름에 자신을 맡긴다 해도 상상력이 이렇듯 외부의 인상들에 종속되지 않는다는 사실은 그 창조적 능력을 위해 적어도 소극적인 조건이 된다. 상상력이 현실에서 분리되어야만 형성하는 힘은 이상理想으로 올라선다. 상상력이 생산적인 특성으로 자신의 고유한 법칙에 따라 행동하기 이전에 먼저 모방하는 단계에서 그것은 낯선 법칙들에게서 해방되어야 한다. 법칙이 없는 상태에서 벗어나 독립적인 내적 입법 상태에 도달하는 것만으로도 매우 위대한 발걸음이다. 하지만 이제 완전히 새로운 힘인 이념의 능력이 여기서 놀이에 끼어들어야 한다. 그러나 이 새로운 힘은 이제 훨씬 쉽게 발전해나갈 수 있다. 감각들이 자신에게 반대하지 않고, 규정되지 않은 것은 적어도 부정적으로나마 무한과 경계를 맞대고 있기 때문이다.

상상력은 아직 완전히 물질적인 종류일 뿐으로 단순한 자연법칙에서만 벗어나 있는, **자유로운 이념 연속**이라는 이 같은 놀이에서 **자유로운 형식**의 시도를 통해 마침내 미적 놀이를 향해 도약하게 됩니다. 이것을 도약이라 일컫는 것이 마땅할 것입니다. 여기에서는 완전히 새로운 힘이 행동하기 때문이지요. 여기에서 처음으로 법칙을 부여하는 정신이 맹목적인 본능의 행동 안으로 들어오고, 멋대로이던 상상력의 활동이 정신의 변하지 않는 영원한 통일성에 종속되며, 정신의 독자성이 변화 속으로, 정신의 무한성이 감각 안으로 들어오기 때문입니다.

그러나 쉬지 않고 변화에서 변화로 나아가는 것 외에는 다른 법칙을 알지 못하는 거친 자연이 강한 힘을 가지고 있는 동안 자연은 자신의 흔들리는 자의로 필연성에 대항하고, 불안감으로 저 불변함에, 곤궁함으로 저 독자성에, 만족을 모르는 태도로 저 숭고한 단순함에 대항합니다. 그러므로 미적인 놀이충동은 최초의 시도에서는 거의 알아보기 어려울 정도입니다. 감각충동이 그 끈질긴 변덕과 거친 욕망으로 쉬지 않고 사이에 끼어들기 때문입니다.

그래서 우리는 조잡한 취향이 새롭고 놀라운 것, 다채로운 것, 모험적인 것, 기묘한 것, 격렬하고 야만적인 것을 움켜쥐고 단순하고 고요한 것을 피하는 것을 보게 됩니다. 조잡한 취향은 그로테스크한 모습들을 만들어내고, 빠른 변화를 사랑하며, 과다한 형식, 날카로운 대비, 현란한 빛, 격정적인 노래를 사랑합니다. 이 시기의 조잡한 취향은 자극적인 것, 자신에게 물질을 주는 것을 아름답다고 여기지요. 그러나 자극하되 스스로 활동적인 저항을 하도록 자극하고, 물질을 주되 **형성**Bilden**이 가능하도록** 주어야 합니다. 그렇지 않으면 자극은 그토록 조잡한 취향에게도 아름다움으로 여겨지지 않을 테니까요.

인간의 판단에 형식이 도입되면 이렇게 뚜렷한 변화가 일어나게 됩니다. 인간은 이런 대상들이 수동적으로 받아들일 대상을 주기 때문이 아니라 능동적으로 행동할 자극을 주기 때문에 이 대상들을 추구합니다. 그것들이 필요성을 만족시키기 때문이 아니라 비록 나직하기는 해도 자기 가슴속에서 말하고 있는 법칙을 충족시키기 때문에 그의 마음에 드는 것입니다.

그러나 인간은 사물이 자신의 마음에 든다는 것만으로는 더 이상 만족하지 못합니다. 자기 자신이 자신의 마음에 들기를 바랍니다. 처음에는 **자기가 가진 것**을 통해서, 그러나 마지막에는 **자기 자신**을 통해서 말이지요. 자기가 가진 것, 자기가 만들어낸 것이 이제는 유용함의 흔적을 가져서는 안 됩니다. 즉 초조하게 목적을 위한 형태를 가져서는 안 된다는 것이지요. 그것은 쓸모와 더불어 그것을 고안한 지성, 그것을 실행하는 사랑스런 손길, 그것을 선택하고 내세워준 명랑하고 자유로운 정신을 함께 지녀야 합니다.

이제 고대 게르만인들은 더 반질반질한 가죽과 더 당당한 사슴뿔, 더 장식적인 뿔로 만든 술잔을 찾아내고, 고대 스코틀랜드인들은 자신들의 축제를 위해 가장 예쁜 조가비를 찾아냅니다. 무기마저도 단순히 공포의 대상일 뿐만 아니라 동시에 쾌감의 대상이 되어 장식이 잘 된 검대劍帶가 목숨을 빼앗는 칼의 날카로움만큼이나 주목을 받게 되지요. 하지만 더욱 자유로운 놀이충동은 꼭 필요한[쓸모가 있는] 물건에 미적인 장식을 덧붙이는 것만으로는 만족하지 못하고 마침내 쓸모라는 사슬을 아예 벗어던집니다. 그리고 아름다움은 자기 자신만을 위해 자신의 열망의 대상이 됩니다. 인간은 자기 자신을 **꾸미지요**. 이해타산과 무관한 즐거움이 이제는 필요성의 목록에 끼어들고, 쓸모없는 것이 그의 기쁨에서 가장 중요한 부분이 됩니다.

인간의 외부에서 형식이 천천히 그에게 다가오듯이, 즉 집이나 가재도구, 의상 등에서 형식이 천천히 생겨나듯이 형식은 마침내 인간 자신을 소유하기 시작해 처음에는 외적인 인간을, 그리고 마침내 내적인 인간을 변화시키기 시작합니다. 즐거워서 멋대로 뛰어오르던 것이 춤이 되고, 아무렇게나 움직이던 몸짓이 우아하고 조화를 이룬 제스처가 됩니다. 또 감정이 마구 뒤섞인 외침이 발전해 리듬 법칙을 지키면서 노래가 되기 시작합니다. 트로이의 병사들이 날카로운 소리를 지르며 학이 이동하듯이 전쟁터로 몰려나왔다면, 그리스 병사들은 고요하고도 고귀한 발걸음으로 전쟁터로 나왔습니다. 저편에서는 맹목적인 힘의 과잉이 보일 뿐이라면 이편에서는 형식의 승리와 법칙의 단순한 위엄이 나타납니다.

이제 더 아름다운 필연성이 이성異性 사이를 결합시키는 것이니, 전에는 욕망이 변덕스럽게 맺어주던 유대를 심정의 결합이 확고하게 지켜줍니다. 암담한 사슬에서 풀려나 예전보다 평온해진 눈길이 형태를 바라보고, 영혼이 영혼을 들여다보며, 이기적인 쾌락의 교환이던 것이 이제는 너그러운 애정의 상호작용이 됩니다. 욕망은 확장되고 높아져 사랑이 되고, 인성이 그 대상 안에서 피어나며, 감각을 지배하던 저급한 장점이 차츰 대수롭지 않게 되면서 의지를 지배하는 더욱 고귀한 승리를 얻으려고 합니다.

상대의 마음에 들고자 하는 욕구 덕분에 강한 사람도 취향의 부드러운 재판정에 복종하게 됩니다. 쾌락이라면 억지로 뺏을 수도 있으나 사랑은 선물이니까요. 한층 고귀한 사랑이라는 상賞은 물질로는 얻을 수 없고, 형식을 통해서만 얻을 수 있지요. 힘으로 나타나 감정을 자극하는 일을 중단해야 하고, 형식이 되어 지성에 마주 서야 합니다. 자유를 인정해야 합니다. 그 자신도 자유로운 사람의 마음에 들기를 바라니까요.

〔대립하는〕 본성들 사이의 싸움을 아름다움이 가장 단순하고도 순수한 예, 즉 이성 사이의 영원한 대립에서 해결했듯이 심하게 뒤엉킨 사회 전체 안에서도 그 같은 싸움을 해결했거나 또는 적어도 해결하는 방향으로 이끌어갑니다. 남자의 힘과 여자의 부드러움을 이어준 저 자유로운 결합의 모범에 따라 도덕세계에서도 온갖 부드러운 것과 격렬한 것을 화해시키려는 것이지요.

이제 약한 것이 성스러운 것입니다. 그리고 절제되지 않은 강함은 명예를 잃어버립니다. 자연의 불공평함은 기사도적인 도덕의 너그러움을 통해 개선됩니다. 그 어떤 폭력에도 물러서지 않는 사람을 부끄러움의 사랑스런 홍조紅藻가 무장 해제시키고, 피로도 끌 수 없는 복수심을 눈물이 가라앉힙니다. 미움조차도 명예의 부드러운 목소리에 주의를 기울이고, 정복자의 칼은 무기 없는 적을 내려치지 않습니다. 예전 같으면 죽음만이 낯선 사람을 맞아들였을 두려운 해변에서도 친절한 아궁이가 낯선 이에게 환영의 연기를 보냅니다.

힘들의 두려운 왕국 한가운데, 그리고 법칙들의 성스러운 왕국 한가운데에 미적인 형성충동은 〔우리가〕 모르는 사이 놀이와 가상으로 이루어진 세 번째 왕국을 세우고는 그곳에서 인간을 옥죄고 있는 온갖 상황의 사슬들을 떼어버리고 물리적인 것이나 도덕적인 것, 강제라 불리는 모든 것을 그에게서 없애버립니다.

권리들로 이루어진 **물리적인** 국가에서 인간이 힘으로 다른 인간을 대하고 그 작용을 제한한다면, 그리고 의무로 이루어진 **윤리적** 국가에서 법칙의 위엄으로 인간이 다른 인간에 마주 서며 그의 의지에 제약을 가한다면, 미적인 교류의 영역, 즉 **미적** 국가에서 인간은 오직 형성력으로만 나타나고 자유로운 놀이의 대상으로만 서로를 대합니다. **자유를 통해 자유를 주는 것**이 이 왕국의 기본 법칙입니다.

물리적인 국가는 자연을 통해 자연을 제어함으로써 국가를 가능하게 할 뿐입니다. 윤리적 국가는 개체의 의지를 일반의지에 종속시킴으로써 국가를 단지 (도덕적으로) 필연적인 것으로 만듭니다. 미적 국가만이 개인의 본성을 통해 전체의 의지를 실현함으로써 국가를 진짜로 실현합니다. 필요성에 의해 인간은 사회를 구성해야만 했고, 이성이 사회적 행동의 원칙들을 인간 내면에 심어주었다면, 아름다움만이 그에게 **사회적인 품성**을 부여할 수 있습니다.

취향〔취미〕만이 사회 안으로 조화를 가져오는데, 취향은 개인 안에서 조화를 이루기 때문입니다. 다른 모든 표상의 형식들은 인간을 분리시킵니다. 그것들은 인간 본질의 감각적 부분 또는 정신적 부분에 배타적으로 근거하기 때문입니다. 오직 미적인 표상만이 인간을 전체로 만드는데, 여기서 그의 두 본성이 하나로 합쳐지기 때문입니다. 다른 모든 의사소통의 형식들은 사회를 분리시킵니다. 그것들은 각각의 구성원들의 개별적인 감수성이나 개별적인 능숙함에 배타적으로, 즉 사람과 사람 사이를 구분해주는 것에만 관계하기 때문입니다. 미적인 의사소통만이 사회를 단합시킵니다. 그것은 모든 사람들의 공통점에 관계하기 때문이지요.

우리는 감각의 즐거움을 오직 개체로서 즐길 수 있을 뿐입니다. 우리 내면의 종種은 거기 참여하지 못하지요. 다시 말해서 우리는 감각적 즐거움을 확장해 일반적인 즐거움으로 만들지 못합니다. 우리의 개체성을 일반화할 수 없기 때문입니다. 인식의 즐거움은 오직 종으로서만 누릴 수 있습니다. 개체로서의 특성을 조심스럽게 판단에서 배제해야만 합니다. 그러니까 우리는 이성적 즐거움을 일반화하지 못합니다. 다른 사람의 판단이나 우리 자신의 판단에서 개체성의 흔적을 없애지 못하기 때문입니다.

우리는 오직 아름다움만을 개인인 동시에 종으로서, 즉 인류의 **대표자**로서 즐길 수 있습니다. 감각적 선善은 오직 한 명의 행복한 사람만을 만들 수 있지요. 그것은 항상 배제를 수반하는 독점에 근거하기 때문입니다. 그 **한 사람**도 오직 한쪽에서만 행복하게 만들 뿐입니다. 그의 개성은 그 즐거움에 참여하지 않으니까요. 절대적 선은 일반적으로는 전제로 삼을 수 없는 조건 아래에서만 행복하게 만들 수 있습니다. 진리란 오직 부정否定의 대가일 뿐이며, 순수한 마음만 순수한 의지를 믿기 때문이지요. 아름다움만이 전체 세계를 행복하게 하며, 모든 존재는 아름다움의 마법을 체험하는 동안에는 자신의 한계를 잊어버립니다.

취향이 지배하고 아름다운 가상의 왕국이 널리 퍼져 있는 한 어떤 특권도, 단독적 지배도 있을 수 없습니다. 이 왕국은 위로는 물질이 완전히 중단된 채 이성이 절대적 필연성으로 지배하는 곳에 닿아 있습니다. 아래로는 자연충동[물질충동]이 맹목의 강제로 지배하며, 형식이 아직 시작도 되지 않은 곳에 닿아 있습니다. 하지만 취향이 입법권을 빼긴 이 경계 부분에서조차 그 집행권까지 빼앗긴 것은 아닙니다. 비사교적인 욕망은 자기 집착을 버려야 하고, 보통은 감각만을 유혹하던 쾌적함은 정신에게도 우아함의 그물을 던져야 합니다.

필연성의 엄격한 목소리인 의무는 저항할 때나 쓰는 그 비난투를 바꾸고, 한결 고귀한 신뢰를 통해 온화한 자연을 존중해야 합니다. 취향은 학문의 신비주의에서 지식을 끌어내 건강한 상식의 넓은 하늘 아래로 가져와야 하며, 상아탑의 재산은 인간 사회 전체의 공동 재산이 되어야 합니다. 취향의 왕국에서는 가장 강력한 정신도 자신의 영광을 포기하고 어린이의 마음으로 내려와야 합니다. 힘은 우미의 여신들에게 결박되어야 하며, 오만한 사자도 사랑의 신의 고삐에 복종해야 합니다. 그러기 위해서는 취향이 물리적 요구, 즉 본래 모습으로는 자유로운 정신의 품위를 모욕하는 물리적 요구에도 그 부드러운 베일을 씌워서 우리가 물질과 맺고 있는 수치스러운 관계를 자유의 멋진 환상 속에서 보이지 않게 덮어 주어야 합니다.

돈을 위한 예술이 밑바닥에서 기고는 있지만 그래도 취향의 날개를 달면 먼지를 털고 일어서며, 취향의 지팡이가 건드리기만 해도 산 것이나 죽은 것 모두에게서 노예의 쇠사슬이 풀립니다. 미적인 국가에서는 모든 것, 심지어 도구조차도 가장 고귀한 사람과 동등한 권리를 가진 자유로운 시민이 되고, 참을성 많은 대중을 특정한 목표 아래 강제로 굴종시키던 오성도 대중에게 그들 자신의 결정을 물어보아야 합니다. 이 미적인 가상의 국가에서 몽상가들이 본질적으로 바라던 평등의 이상이 실현됩니다. 그리고 옥좌 가까이에 있는 아름다운 음조가 가장 먼저, 가장 완전하게 성숙한다는 말이 사실이라면 인간을 이상세계로 데려가기 위해서는 현실에서 자주 인간을 제한하기만 하는 것처럼 보이던 저 선량한 섭리를 여기에서도 보아야겠지요.

이 같은 미적 가상의 국가가 과연 존재할까요? 그렇다면 어디에 있는 것일까요? 필요성으로 보면 모든 섬세한 영혼에 존재합니다. 현실적으로는 순수한 교회나 순수한 공화국의 경우처럼 몇몇 정선된 모임〔사회〕에서만 찾아볼 수 있겠지요. 그곳에서는 다른 사람의 도덕을 무조건 모방하지 않고 자신의 아름다운 본성에 따라 행동하고, 인간은 대담한 단순성과 고요한 무구〔무죄〕함으로 가장 복잡한 상황도 통과하며, 자신의 자유를 주장하기 위해 다른 사람의 자유를 모욕할 필요가 없고, 우아함을 보이기 위해 품위를 버릴 필요도 없습니다.

목적 없음의 목적: 인간은 아름다움을 통해 자유에 도달한다

1. 《미학 편지》가 나오기까지

프리드리히 실러는 열아홉 살의 나이로 《군도群盜》를 완성한 천재적인 극작가였다. 1782년 만하임에서 이 작품의 첫 공연이 관중들 사이에서 엄청난 호응을 불러일으키며 극작가로서 매우 인상적인 데뷔를 했다. 마흔여섯의 짧은 생애를 살았지만, 바이마르에서 괴테와 친구로 지내며, 살아서는 오히려 작가로서 괴테보다 더욱 유명했다. 그는 총 아홉 편의 걸작 희곡을 남겼다.

하지만 그의 삶은 어린 시절부터 매우 고단했다. 일찌감치 군사학교에 차출되어 강제로 가족과의 인연이 끊긴 채 소년 시절을 보내야 했고, 극작가로 데뷔한 뒤로는 극심한 재정적 빈곤에 시달리는 삶을 살아야 했다. 이런 고통의 한가운데에서 그는 스물여섯 살 때 〈환희의 송가〉를 썼다. 훗날 베토벤이 〈교향곡 9번(합창)〉에서 젊은 실러의 이 작품에 곡을 붙였다. 오늘날에는 베토벤과 실러의 〈환희의 송가〉 중 한 부분이 유럽

연합에 의해 '유럽 찬가[통합 유럽의 국가國歌]'로 지정되어 있다.

1790년 결혼하면서 삶이 좀 안정되는가 싶더니 서른 남짓이던 1791년 1월 실러는 폐렴과 늑막염에 합병증이 겹친 중병에 걸려 앓아누웠는데, 6월에는 그가 죽었다는 소문이 외국에까지 퍼졌다. 덴마크의 실러 팬들은 죽은 실러를 추모하기 위한 모임을 열고, 시인 바게젠Baggesen이 추모 연설을 하기도 했다. 그러다 뒤늦게 바게젠은 실러가 죽은 것이 아니라 중병에 걸렸다는 소식을 들었다. 그가 심각한 경제적 곤궁에 빠져 있다는 소식을 듣고 바게젠은 그를 돕기 위해 백방으로 뛰어다니며 힘썼다.

바게젠은 예술과 학문에 관심이 많은 재무대신 쉼멜만 백작Graf von Schimmelmann을 설득하고, 또 왕세자인 슐레스비히-홀스타인-아우구스텐부르크 공국의 프리드리히 크리스티안 공작Herzog Friedrich Christian von Schleswig-Holstein-Augutenburg을 설득하는 데 성공했다. 실러는 11월 말 백작과 공작으로부터 아무 조건 없이 3년 동안 매년 1천 탈러씩 후원금을 받게 되었다. 그 덕분에 실러는 한숨 돌리고 병을 치료하면서 원하는 작업을 할 수 있게 되었다.

그는 무엇보다도 칸트 철학 연구에 몰두했다. 당시의 독일 지식인들 사이에서 칸트의 철학적 결실은 반드시 읽어야 할 책들이었으므로, 실러의 열광 또한 어찌 보면 당연한 것이었다. 후원금을 받는 동안 실러는 여러 미학 논문들을 집필했다. 주로 칸트 철학에 기반을 둔 것이었고, 오늘날까지 실러가 고전 미학자로서의 명성을 얻은 것은 대개 이 시기에 쓴 논문들 덕분이다. 이 글들은 당시 지식인들 사이에서 널리 논쟁이 벌어지던 미학적 문제들을 다루고 있다.

실러의 대표적인 미학 논문으로는 〈인간의 미적 교육에 관한 편지〉(우리 책《미학 편지》)와 〈소박문학과 반성문학에 대하여〉 두 편을 꼽을 수 있다. 그는 희곡 작가였을 뿐만 아니라 상당히 깊이 있게 역사학과 미학 연구를 병행해 논문을 남긴 학자이기도 했다. 한동안 예나대학교에서 역사학 강의를 맡기도 했다. 그가 상대적으로 짧은 생애 동안 얼마나 맹렬하고도 부지런히 일해서 그야말로 몸을 소진했는지 짐작할 수 있는 부분이기도 하다.

1793년 2월 그는 아무 조건 없이 자신을 후원해준 덴마크의 공작에게 예술과 아름다움의 본질에 대한 연구를 편지로 써 보내겠다고 제안했다. 칸트가 철학계에 몰고 온 혁명이 미학의 기반까지도 흔들어놓았으니, 이제 자신은 이런 미학의 변화에서 기사 역할을 맡겠다고 나선 것이다. 1793년 7월부터 그해 겨울 동안 그는 자신의 미학적 성찰들을 공작에게 편지로 써 보냈다. 하지만 이듬해인 1794년 2월 코펜하겐의 크리스티안보르크 성에 불이 나면서 그때까지 실러가 보낸 거의 모든 편지가 불에 타 사라지고 말았다. 다행히도 덴마크에는 그 가운데 6통의 편지 필사본이 만들어져 보관되고 있었지만, 실러는 일단 편지를 쓰는 작업을 중단해야만 했다.

하지만 그는 원래 이 편지들을 출판할 의도를 갖고 있었으므로 그해 6월 공작에게 편지를 새로 쓰겠다고 제안했다. 수많은 다른 작업들로 인해 중단을 겪으면서도 마침내 편지가 완성되었다. 새로운 생각들이 나타나면서《미학 편지》는 원래의 계획과는 조금 다른 미학적 사유들을 펼쳐 보이게 되었다.

실러는 공작에게 보낸 편지들을 약간 손질해 1795년 1월 자신이 발행하던 잡지 《호렌Die Horen》에 게재하기 시작했다. 6월까지는 《미학 편지》의 전체 작품이 《호렌》을 통해 출판되어 나왔다. 그의 나이 만 서른다섯 살이었다.

2. 프랑스 혁명: 정치적 자유를 향한 모색

1789년에 시작된 프랑스 혁명은 괴테와 실러의 생애 한가운데를 지나간 시대의 대사건이었다. 독일의 지식인들은 열광하면서 숨을 죽이고 혁명의 진행 상황을 지켜보았다. 왕의 절대적 권위가 무너지고 시민의 권리에 기초한 새로운 국가가 건설되는 과정을 지대한 관심을 가지고 관찰한 것이다. 처음에 개혁파 귀족들과 시민계급 대표들이 힘을 합쳐 헌법을 제정하는 등 법적인 혁명이 진행되는 동안 지식인들은 이 특별한 혁명에 많은 기대와 희망을 걸었다.

하지만 1792년 과격파의 주도 아래 루이 16세와 왕비가 처형되고, 이어서 귀족들의 길거리 즉결 처형이 계속되는 등 혁명이 급진 노선을 걷게 되면서 독일의 대다수 지식인들은 프랑스 혁명에 실망하고 등을 돌렸다. 실러도 예외는 아니었다. 공화국 정부의 노선이 과격한 폭력과 공포의 정치로 바뀌는 것을 보고 실러는 프랑스 혁명의 결말이 채 나기도 전에 이미 혁명이 실패했다고 굳게 믿었다.

프리드리히 실러는 프랑스 공화국 정부로부터 명예시민으로 인정을 받은(1792년 8월 26일) 몇 안 되는 독일 지식인 가운데 한 명이었다. 그만큼 그의 초기 작품들은 정치적 자유를 지향하는, 거의 혁명적인 사상을 담고 있었다. 하지만 프랑스 혁명의 진행 과정을 지켜보면서 실러는 내적 인간의 변화 없이 국가체제를 뒤집어엎는 것만으로는 정치적 자유가 실현된 사회를 만들어낼 수 없음을 깨닫게 되었다. 체제가 아닌 인간의 내면을 먼저 변화시킬 필요성을 느낀 것이다. 그렇지 않으면 폭력이 또 다른 폭력을 부르는 악순환이 계속될 것이다.

실러는 역사학자로서 특히 30년 전쟁의 역사와 에스파냐 절대주의에 맞선 네덜란드 독립 전쟁의 과정을 탐색했다. 역사 연구에서도 동일한 깨달음을 얻은 듯하다. 사회 구조의 개선보다 먼저 내적 인간을 개선해야 한다는 사실 말이다.

그렇다면 내적 인간을 개선할 수 있는 길은 대체 무엇인가? 실러가 이 《미학 편지》에서 내놓은 우회적인 답변은 다음과 같다. "인간은 아름다움을 통해 자유에 도달한다." 즉 미적 체험을 거듭함으로써 인간은 먼저 미적으로 되어야 한다. 이렇게 개선된 인간이 거기서부터 윤리적[도덕적] 인간으로 나아가는 길은 그리 멀지 않다. 또한 그런 사람들은 정치적 자유를 구현한 이상사회를 건설할 수도 있지 않겠는가? 즉 예술[미적 가상]의 체험을 통해 혁명을 대체할 수 있을 것이라는 답변이었다.

이것의 실현 가능성을 놓고 그동안 많은 논쟁이 있어왔다. 하지만 먼저 "대체 미적 인간이란 무엇인가?"를 탐색해야 할 것이다. 편지 형식의 이 논문은 이런 질문과 답변을 담고 있다. '미적인' 또는 '아름다운'이란 누구든지 느낄 수 있지만, 이것을 보편적인 이론으로 끄집어내기는 몹시 어려운 말이다. 느낌에 기반을 둔 개념이기 때문이다. 여기서 실러는 칸트의 철학적 사색과 용어에 기대어 미적인 상태는 무엇이며, 그 상태에서 무슨 일이 일어나는지를 설명한다. 덕분에 이 글은 칸트의 철학 체계

일부를 거쳐야만 이해할 수 있도록 구성되었다.

그가 죽은 지 200년 이상의 세월이 흐른 오늘날 우리는 비록 당시의 프랑스 혁명은 실패로 돌아갔지만, 19세기에 또 다른 혁명들이 거듭된 끝에 1848년에는 프랑스에 공화국체제가 상당히 정착되었음을 알고 있다. 또한 프랑스 혁명의 이념이 전세계로 퍼져나가 오늘날 전 세계 민주주의의 사상적 토대가 되고 있음도 알고 있다. 어쩌면 민주주의로 향하는 길은 역사가 보여주듯이 이렇게 수많은 폭력과 죽음으로 얼룩진 길을 걸어야 하는 것인지도 모른다.

실러가 이 책에서 시도한 답변은 예술을 통해 그 같은 폭력의 과정을 거치지 않고 정치 개혁을 이루어보자는 야무진 꿈에서 나온 것이다. 이런 그의 답변은 역사가 보여주는 실제 현실의 방향과는 다르다. 독일만 해도 히틀러 시대를 거치고 나서야 비로소 제대로 된 민주주의가 정착되었다. 실러는 실제 역사의 흐름과는 매우 다른 이상적인 방향을 제시했던 것이다.

그렇다면 그가 제안한 '미적 인간'이라는 생각 자체가 무효인가? 그렇지는 않을 것 같다. 미적 인간이라는 생각은 오늘날 경제적으로 상당히 성공을 이룬 한국 사회의 고민을 위해서도 일부 답변이 될 것으로 보인다. 즉 자기보존의 욕구에만 충실한 '물리적 인간'은 성숙한 자유주의 사회에는 맞지 않는다. 그렇다고 감정을 억누르고 원칙만을 좇는 '도덕적 인간'도 오늘날 시대에는 그리 매력적이지 않다. 풍부한 감성을 지닌 채 올바른 윤리적 선택도 할 줄 아는 성숙하고 멋진 '미적 인간'을 우리는 원한다.

이 밖에도 이 글에 나타난 미적 가상에 대한 성찰은 놀랍게도 오프라인-온라인이 함께 공존하는 오늘날의 고민에 적용해볼 수 있는 몇 가지 생각거리들을 제공한다. 현실과 미적 가상의 관계가 오프라인과 온라인[사이버 세계, 즉 가상 현실]의 관계와 비슷한 측면들을 갖기 때문이다.

3. 《미학 편지》의 구성-내용 요약

(1) 경험적 관찰: 아름다움의 작용에 대한

처음 두 편지는 도입과 편지 전체의 주제를 보여준다. 바로 이어서 저자는 아름다움이 정말로 인간을 (정치적) 자유로 이끌어주는지를 역사와 현실에서 관찰한다. 현실을 살펴보면 국가 변화의 과정을 무난하게 이끌어줄 제3의 품성은 보이지 않는다. 게다가 현대인은 고대 그리스인과 비교해보면 총체성을 잃고 단편화된 모습을 보인다.

물론 분업을 통해서만 인류 또는 사회 전체가 발전을 이루는 것이 사실이다. 실러는 인류가 발전하기 위해서는 분업이라는 방법밖에 없음을 인정한다. 하지만 전체의 발전을 위해 각 개인은 전체의 한 부분으로 단편화되면서 행복을 잃었다. 특히 지성을 발전시키기 위해 감정 능력을 희생하는 것은 인간을 더욱 전체의 부품으로 만드는 일이다. 지성의 발전과 더불어 감정 능력도 함께 발전시키는 것이 반드시 필요하다.

이렇듯 현대의 인간은 아름다움 또는 문화가 인간을 총체성으로, 나아가 자유로 이끌어간다는 것을 보여주는 예가 되지 못한다. 그렇다면 과거의 역사를 찾아보면 어떤가? 역사상 단 한 번이라도 문화가 절정에 이른 순간 정치적 자유도 함께 나타난 적이 있었던가? 그런 예는 한 번도 찾아볼 수 없다. 오히려 정치적 자유가 사라지고 나서야 비로소 아름다움과 문화가 절정에 이른 예들만을 찾아볼 수 있다. 마치 인간의 품성과 자유를 희생해야만 높은 수준의 문화에 도달하는 듯하다.

어떻게 하면 우리는 인성의 총체성을 회복할 수 있을까? 순수하게 살아 있는 원천인 아름다운 예술에서 그 답을 찾아야 하지 않을까? 하지만 시대의 영향에서 벗어난 예술은 드물고, 또 그런 예술가가 되기란 정말 어려운 일이다. 이 기회에 실러는 젊은 예술가 지망생에게 혼탁한 현실에 휩쓸리지 말고 그것을 뛰어넘어 이상을 바라보며, 이상을 위해 헌신할 것을 권한다(9).

지금까지 실러는 아름다움과 높은 문화가 인간을 자유로 이끈다는 자신의 주장이 옳은지를 현실과 역사에서, 즉 경험의 차원에서 관찰해보았으나 오직 부정적인 답변만을 얻었다. 그런데도 그는 관찰 자체를 멈추지 않는다. 오히려 이런 경험적 관찰방식으로 아름다움의 작용을 살펴보는 것이 적절치 못한 일이므로, 이제부터는 경험적 차원을 넘어 초월적이고 선험적인 방법을 통해 아름다움이야말로 인성의 필수조건임을 밝히고자 한다. 다시 말해서 그는 탐구의 주제는 그대로 둔 채 탐구의 방법론을 바꾼다.

(2) 초월적[선험적] 관찰: 아름다움의 작용에 대한

11번 편지부터 시작되는 선험적 관찰에서 실러는 칸트의 사유와 용어를 이용한다. 다만, 실러 미학을 칸트 미학과 비교하거나 또는 칸트 미학에 대한 주석으로 읽어서는 곤란하다. 여기서 칸트의 방법론이 결정적인 기반 역할을 하는 것은 사실이지만, 실러 미학에는 사회 비판 요소와 더불어 아름다움의 중개적 기능, 유토피아적 전망 등 전혀 새로운 요소들이 나타나기 때문이다. 실러의 미학은 아름다움의 본질을 밝히려는 시도가 아니라 현대 문명의 위기를 예술을 통해 극복하려는 전망을 지향한다.

실러의 사유는 칸트의 방식에 따른 이원론을 출발점으로 삼는다. 자연 대 이성, 감각성 대 오성 등의 대립들이 나타나고, 곧이어 감각성 대 오성의 대립에서 추진력이 되는 두 가지 충동이 등장한다. 이어서 그 둘이 상호작용을 통해 서로의 힘을 지워 없애면서 통합되는 놀이충동의 개념이 나타난다. 이러한 사유방식은 도식으로 표현하면 이해가 훨씬 더 쉽다. 아래에 편지 번호와 함께 핵심적인 내용을 도식으로 정리해놓았으니 이를 참고해 본문을 읽으면 이해하기 힘든 이 부분의 내용이 비교적 손쉽게 정리될 수 있을 것이다.

(11～12)

상태Zustand	**개성**Person
시간을 가짐	자유를 가짐
감각을 통함	인간에게 있는 신성神性의 소질
세계-시간의 내용. 형식이 없음	형식
현실화를 지향	형식화를 지향
감각충동[물질충동, 소재충동]	**형식충동**[이성충동]
삶의 다양성	개성의 유지
	삶의 다양성에 조화를 도입
	시간을 없애고 변화를 없앤다.
수많은 경우들	법칙

(13~14)

이 두 충동은 서로 상반되지만, 그 대상이 다르므로 충돌이 아닌 상호작용을 하게 된다.

감각충동sinnlicher Trieb ⟷ **형식충동**Formtrieb

수용하는 능력〔감각성〕, 수동성 / 규정하는 능력〔사고력〕, 능동성

대상은 삶 / 대상은 형성력

↘ ↙

놀이충동Spieltrieb

대상은 살아 있는 형성력〔아름다움〕

(두 충동의 상호작용에 의해 나온 제3의 충동)

(15)

인간은 놀이하는 한에서만 온전한 인간이다. 인간은 아름다움으로만 놀이를 해야 한다.

(16~17)

아름다움의 두 가지 작용

진정시키는 아름다움

〔**아름다움**, das Schöne〕

활력을 주는 아름다움

〔**숭고**, das Erhabene〕

(18)

아름다움은 서로 대립해 결코 하나가 될 수 없는 두 상태를 하나로 결합시키는 것이다.

(19)

감각 인상 이전 ——————→ 감각 ——————————————→ 생각

무한한 규정 가능성 표상

비어 있는 무한성 (제한) ↑

(판단)

아름다움이 사고력을 작동할 수 있게 해줌

자유를 마련해줌으로써

(20)

감각의 도움으로 감각충동과 이성충동이 작동

인성도 만들어짐

두 필연성은 서로 대립, 대립을 다시 지우기〔미적 상태〕

이로써 자유가 마련됨

(더욱 자세히 설명)

시간적으로 감각충동이 앞선다.

감각충동 형식충동

감각성 논리적·도덕적 필연성

물리적 상태 논리적·도덕적 상태

감각 ↘ ↗ 사유

중간의 정조

모든 규정에서 자유로워짐

〔**미적 상태**〕

(21) 19, 20을 종합해

비어 있는 구한성 ——→ 감각 ——→ 미적 상태 ——→ 사유

〔감각 인상 이전 상태〕 〔가득 채워진 무한성〕

(22)

미적 상태는 가장 생산적인 상태. 모든 것을 포괄하고 통합함

(23)

미적 자유

(24, 25)

(인간, 인류, 사유의 전개 과정)

물리적 상태 → **미적 상태** → **도덕적 상태**

세계

관찰(반성)

아름다움은 관찰과 더불어 시작

아름다움은 대상이자

동시에 주체의 상태

아름다움에서는

수동성, 능동성

물질, 형식

제한, 무한

이 함께 작용

이들의 통합 가능성 - 인성:

감각적 종속 상태와 도덕적 자유가 여기서 공존한다.

이미 자유가 나타난 것

정신세계

〔세계를 대상으로 여김〕

물리적 상태 ⟶ **미적 상태** ⟶ **도덕적 상태**

↑ 이 단계만이 문제

(das Schöne의 작용)

아름다움

↑ 일단 미적 상태에 이르면 이 단계는 별 문제가 없다.

(das Erhabene의 작용)

숭고

(3) 놀이하는 인간

놀이Spiel 개념은 칸트와 실러에 이르러 비로소 인간의 자유와 미적인 것의 존재방식에 대한 질문의 틀 안에서 철학적 의미를 얻게 되었다. 칸트에 따르면 놀이란 그 어떤 실천적 목적도 추구하지 않고, 또 지적인 개념에도 따르지 않기 때문에 자유롭다. 쉬운 예로 어린 시절 친구들과 어울려 마음껏 뛰어놀던 놀이를 떠올려보라. 떠올릴 추억이 없다면 슬픈 일이다. 어쨌든 놀이는 도덕적 목적이나 지식을 쌓기 위한 것과는 무관한 마냥 즐거운[명랑한] 활동이었다.

이런 놀이가 실러의 두 충동 사이에서 하는 작용은 해방이다. 서로 다른 대상을 향하면서도 상호작용을 하는 감각충동과 형식충동이 인간에게 있는데, 화해할 길이 없는 이 두 충동에서 그 각각의 강요를 없애고 인간을 자유롭게 풀어주는 것이 바로 놀이충동이다. 즉 자기 보존의 욕구나 현실의 필요성에서 벗어나고, 또한 도덕적인 원칙의 강요에서도 벗어나게 해주는 충동이다.

놀이충동은 짓누르는 현실의 진지함에서 삶을 자유롭게 풀어준다. 그러면서 실러에서 놀이충동은 단순한 미학의 영역을 벗어나 인간 형성의 영역으로 올라선다. 인간은 놀이충동이 만들어낸 무위와 가벼움의 상태에서 자신의 모든 가능성을 동원해 놀이를 하고, 또 놀이를 하면서 자신의 감추어진 능력을 찾아내고 발전시킨다. 구체적인 목적 없이 놀이를 하는 일이야말로 인간이 내면에 감추어진 자신의 잠재력을 발전시키는 가장 좋은 방법인 것이다.

그래서 놀이충동의 대상은 살아 있는 형성력, 즉 아름다움이다. 우리는 놀이충등으로 미적 가상[예술]을 누리는데, 미적 가상은 '명랑'한 것이다. 인성을 위한 자유를 만들어주는 것이 바로 아름다움이다. 이런 전제에서 《미학 편지》의 가장 유명한 다음 구절이 나타난다. "인간은 아름다움으로는 오로지 놀이만을 해야 하며, **오직 아름다움으로만** 놀이를 해야 한다." 그리고 "인간은 그 말의 완전한 의미에서 인간인 한에서만 놀이하며, 또한 **놀이하는 한에서만 온전한 인간**이다"(15).

놀이하는 인간은 온갖 강제에서 벗어나 완전히 자유롭게 아름다움을 즐긴다. 그는 감각성의 노예 상태에서도 벗어나고, 도덕성의 강요에서도 벗어난 채로 그러면서도 감성과 논리적 지성을 지닌 채로 아름다움으로 놀고 있으므로 그 순간 인간은 본래의 총체성을 회복하는 것이다.

(4) 미적 상태와 자유

앞에서 정리한 도식을 다시 한 번 확인해보라. 감각충동과 형식충동에서 각각의 강제성과 우연성을 제거하면서 나타나는 것이 놀이충동이다(13~14). 아래로 내려가면 거의 비슷한 도식이 다시 나타난다(20). 그리고 이번에는 감각충동과 형식충동 사이에 중간 정조인 미적 상태가 나타나는 것을 볼 수 있다. 놀이충동 자리에 미적 상태라는 개념이 등장하고 있는데, 놀이충동과 미적 상태는 양상과 맥락의 차이만 있을 뿐 거의 같은 내용임을 알 수 있다.

실러는 동일한 도식적인 내용을 상당히 번잡하게 되풀이해 설명하고 있다. 이것을 알아내면 실러의 명성에 짓눌릴 필요 없이 전체 도식의 내용을 과격하게 요약할 수도 있다. 이제 겨우 서른다섯 살이 된 실러가 당대 유럽 철학계에 그야말로 지각변동을 일으킨 대철학자 칸트(당시 일흔한 살)의 거대한 체계 안에서 땀을 삐질삐질 흘리며 고생한 흔적을 엿볼 수 있다. 귀엽게 봐주자.

감각적 상태에서 벗어남과 동시에 도덕성의 강제에서도 벗어나 있는 상태가 미적 상태이다. 감각적 상태—즉 일상적·타산적 목적의식, 자기 보존 욕구, 이기적 행태 등—에서 벗어나는 것은 감각성으로부터의 자유Freiheit이다. 뿐만 아니라 이 중간 정조에서는 도덕적 상태로부터도 자유롭다. 또한 감각적 상태에서 벗어났지만 아직 논리적 상태로 들어서기 이전의 중간 상태이기도 하다. 우리는 생각할 때에 감각에서 미적 상태를 거쳐 논리적인 사유에 도달하게 된다.

이렇게 양쪽의 가능성을 포함하면서도 양쪽 모두에게서 자유로운 상태가 '미적 상태'이며, 미적 상태가 자유라는 말도 같은 맥락에서 이해할 수 있다. 실러가 여기에서 말하는 자유는 우리가 일상적으로 사용하는 자유의 뜻과는 상당히 거리가 멀며, 또한 둘째 편지에서 언급한 정치적 자유라는 뜻과도 무관하다. 이것은 오히려 '~에서 벗어난 자유' 또는 '~을 위한 자유'라는 뜻으로, 온갖 규정에서 벗어나 있으면서도 충분한 내실을 갖춘 무한한 가능성을 지닌 상태이다. 가득 채워진 무한성이라는 말도 바로 이런 뜻이다.

감각적 상태에서 벗어나 미적 상태에 도달하는 단계에서 아름다움das Schöne이 작용하고, 미적 상태에서 도덕적 상태로 넘어가는 단계에서 숭고das Erhabene가 작용한다. 아름다움은 이데아[이념]로 보면 하나이지만, 그 작용은 '진정시키는 아름다움'과 '활력을 주는 아름다움[숭고]' 두 가지로 나눌 수 있다.

'감각적[물리적] 상태-미적 상태-도덕적 상태'라는 도식은 인성 또는 인류의 발전 단계를 나타낸다. 또한 '감각적 인간-미적 인간-도덕적 인간'이라는 분류도 가능하다. 이 도식을 언뜻 보면 미적 상태는 도덕적 상태에 도달하기 위한 중간 단계로 보인다. 하지만 실러가 말하는 미적 교육의 목표는 바로 미적 상태에 도달하는 것이다.

미적 상태란 예술이 일깨워주는 상태로서 두 기본 충동이 여기서 서로 화해하고, 사회에서의 조화도 여기서 만들어진다. 누구나 각자의 취향대로 자발적 선택에 따라 자유롭게 여기 들어온다. 이런 미적 상태는 아무런 제한도 없는 무한한 가능성을 지닌다. 여기서부터 개인이든 사회든 무제한의 발전이 가능하다.

(5) 목적 없음의 목적

놀이충동 또는 미적 상태는 다른 말로 하면 자유이다. 온갖 강제성으로부터의 해방이고, 그 어떤 현실적인 목적이나 이해타산에서도 벗어난 자유인 것이다.

예술 또는 미적 가상을 즐기는 것은 지식을 늘리는 일이나 도덕적인 인간을 만드는 데는 도움이 되지 않는다. 즉 감각성의 관심이나 이성의 관심에서 벗어나 있다. 돈을 벌거나 출세하기, 학교에서 좋은 점수 받기, 취직하기, 사람들에게 인정받기 등 일상적인 목적과는 더욱 거리가 멀다. 이런 속셈을 가진 놀이는 진짜 놀이가 아니다. 즉 학습을 위한 놀이는 놀이가 아니라는 말이다.

하지만 이렇게 실용성과 목적이 없는 아름다움은 실은 이해관계를 벗어난 그대로 개인의 자기 발전과 사회적 조화라는 원대한 행복에 대한 약속이다. 아름다움으로 놀이하는 순간 인간은 잠시 동안 미적 상태에서 자신의 잃어버린 총체성을 회복한다. 잃어버린 총체성을 회복한다면 그것은 문명이 가져온 단편화의 문제를 잠깐이나마 극복하는 것이다. 지금 당장의 목적이 없는 덕분에 미적 상태는 그를 통해 우회적으로 더욱 큰 목적의 설정을 가능케 해주는 것이다.

실러는 예술의 최고 과제는 "인성에 가능한 가장 완벽한 표현을 주는" 것이라고 다른 곳에서 이야기한 적이 있다. 이로써 예술은 단순한 재현이나 오락 또는 도덕성을 위한 것이 아니라, 인간이 놀이를 하면서 자기 자신에 이르는 길을 발견할 수 있는 '미적 상태'를 약속해주는 것이다. 새로운 미적인 문화의 목적은 인간에게 "자신이 마땅히 그렇게 되어야 할 존재가 될 자유"를 마련해주는(21) 것이다.

4. 미적인 사회를 위해

그래도 여전히 큼직한 질문이 남는다. 전체의 주제, 즉 "인간은 아름다움을 통해 자유"에 이른다는 말은(2) 대체 무슨 맥락이냐? 하는 질문이다. 아름다움을 통해 자유에 이른다는 말은 이미 충분히 들었다. 하지만 실러가 처음에 말한 자유는 이것이 아니라 바로 '정치적' 자유라는 의미였다. 즉 사회를 개선하고 국가체제를 민주적으로 변화시킨다는 뜻이었다.

미적 상태에서 정치적 자유로 직접 넘어가는 길은 물론 없다. 이것은 어디까지나 우회적인 길이다. 미적 국가가 과연 가능한 것일까? 책의 맨 마지막 단락에서 실러는 비관적인 전망을 솔직하게 털어놓고 있다. "(미적 가상의 국가는) 필요성으로 보면 모든 섬세한 영혼에 존재합니다. 현실적으로는 순수한 교회나 순수한 공화국의 경우처럼 몇몇 정선된 모임

〔사회〕에서만 찾아볼 수 있겠지요."

극소수의 정선된 모임에서만 찾아볼 수 있을 것이라는 말 속에는 실러 자신도 이런 방법으로 국가 개혁이 이루어질 수 있다는 믿음을 갖지 못했음을 보여주는 듯하다. 실러 시대에는 이런 정선된 소수 사람들의 모임이 있었다. 그가 살던 바이마르에서도 이 같은 모임이 열리곤 했다. 하지만 미적 가상의 국가가 이렇게 몇몇 모임에서만 가능하다는 말은 지금까지의 설명이 그냥 이상주의자의 몽상에 지나지 않았다는 뜻일까?

조금 더 깊이 읽는다면 그보다는 더욱 큰 전망을 볼 수 있다. 미적인 국가는 모든 섬세한(feingestimmten, 섬세하게 조율된) 영혼에 존재한다고 한다. 섬세한 영혼이란 미적 교육을 제대로 내면화한 경우라고 할 수 있을 것이다. 실러는 처음부터 품성을 고귀하게 해야만 정치 변화와 개혁이 가능하다는 전제조건을 달았다. "정치 영역에서의 모든 개선은 품성을 고귀하게 만드는 일에서 출발해야" 하고, 품성을 고귀하게 만들어줄 "도구는 바로 아름다운 예술"(9)이라고 말이다.

당시 독일이 처한 역사적 상황에서는 프랑스 혁명 같은 시민 혁명이 불가능했다. 프랑스 혁명 방식의 사회 변화를 위한 기회조차 갖지 못했으므로 어차피 이런 현실에서 그는 미적 교육이라는 우회로를 선택했던 것이다. 예술을 통한 교육 과정이 먼저 이루어지면 나중에 공적인 정치 영역에서도 그에 상응하는 결과가 나올 수 있을 것이라는 기대에서였다. 고귀해진 개인이 국가라는 기계를 개선할 것이기 때문이다. 여기에는 당시 독일의 절망적인 정치 상황에서 인간이 품을 수 있는 최소한의 낙관적인 전망이 담겨 있다.

하지만 우리는 책의 마지막 단락에 나타난 비관적인 전망을 가슴에 새긴 채 이 책을 내려놓을 수밖에 없다. 단 한 가지, '몇몇 정선된 모임'이 늘어나기를 기원할 수 있을 뿐이며, 그것을 위해 아마 주변에 그런 정선된 모임을 만들기 위한 노력을 할 수는 있을 것이다.

＊다음의 '철학 용어 풀이'는 브리기테 레더러 박사가 이 책의 이해를 돕기 위해 써준 것을 옮긴이가 새로 간추린 것이다. 이 밖에도《역사적으로 관찰한 철학 용어 사전Historisches Wörterbuch der Philosophie》도 참조했다.

1. 감각성, 오성, 판단, 상상력, 이성

칸트의 인식 체계에서

주체Subjekt

인식의 주체.

대상Objekt, Gegenstand

인식의 대상. 우리 경험의 대상을 인식하는 일에 관여하는 두 가지 골격이 **감각성과 오성**이며, 다양한 인식들을 통합해 원칙들로 만들어내는 능력이 **이성**이다.

감각성Sinnlichkeit

우리 신체의 감각기관을 이용해 세상에 있는 온갖 물건의 특질들을—빛, 따뜻함, 압력, 빛깔, 소리, 맛 등—느끼고 지각하는 능력.

이 단계에서 우리는 대상에 영향을 받고, 다양한 감정에 노출된다. 우리 밖에 있는 무언가가 우리에게 작용을 가하고, 우리는 그것에 수동적으로 반응한다. 이렇게 밖에서부터 감각기관을 통해 우리에게 온 것 또는 지각 내용이 "공간·시간 안에서 지각한 것"이다.

지각知覺과 감각성은 **바라봄**[Anschauung, 관조]으로써 대상들의 위치를 파악한다.

오성Verstand

오성은 우리가 눈과 귀 등 감각기관을 통해 지각한 내용을 일정한 개념에 귀속시키는 논리적 능력, 즉 개념으로 만드는 능력이다. 개인적인 지각을 보편적 특성을 가진 개념으로 만드는 힘. 지성 또는 이해력을 말한다.

판단Urteil

판단은 전통적으로 논리학 영역에 속하고, 따라서 언어적 진술로 나타난다. 특징은 참 또는 거짓이며, 참으로 판단된 것이 진리Wahrheit(참)이다. 대상에 대해 판단을 한다는 것은 대상을 언어를 통해 보편적으로 이해할 수 있는 연관성 속에 끼워 넣는다는 뜻이다. 즉 모든 인식 주체가 통찰하고 검토하고, 그에 대해 소통할 수 있는 연관성 속으로 가져오는 것이다.

상상력Einbildungkraft

오성과 감각 인상들 사이를 매개하는 능력. 재생하는 상상력(기억력)과 생산하는 상상력(연상 능력, 그림이나 표상을 만들어내는 능력, 가장 광범위한 의미에서의 상상력) 두 가지로 나눌 수 있다.

이성Vernunft

인식을 넘어 추론Schliessen하는 능력. 오성은 바라봄을 토대로 대상을 인식하는 기능을 주로 하며, 이런 인식을 보편적 판단을 통해 특정한 논리적 법칙들 아래로 가져오는 것 또한 오성이다. 예를 들면 오성이 언어 진술을 만들어낸다. 이런 수많은 오성-판단의 인식들을 통합해 추론을 통해 더욱 높은 단계에 있는 소수의 원칙들로 이끌어가는 것이 이성 및 판단력의 기능이다. 이성은 추론을 통해 더욱 높은 단계의 원칙들을 찾으려 하고, 절대성을 찾아내려고 한다. 마침내 온갖 조건에서 벗어난 절대성을 지닌 이념Ideen들에도 도달하지만, 이런 이념들은 이미 바라봄의 대상이 아닌 초감각적인 영역에 속한다. 영혼의 죽지 않음, 신 등의 이념들이 여기에 속한다.

하지만 칸트에 따르면 초감각적 영역에 속하는 것들은 이성의 산물이기는 하지만 경험 영역 밖에 있으므로 학문의 대상이 될 수는 없다.

2. 취향, 관심

취향Geschmack, taste

일체의 관심이나 이해타산Interesse 없이 대상을 판단하는 능력. 보편타당한 것을 선택하는 미적 판단력.

취향은 좋은 생활방식을 지닌 세련된 인간의 특징이다. 아름다움과 밀접한 관련을 갖고, 사회적 측면에서의 가치를 지닌다. 즉 사교적 휴머니즘과 사회성을 지향하고, 따라서 자유를 지향하는 사회를 전제로 한다. 이런 사회에서 인간은 대상에서 느끼는 쾌감을 다른 사람과 함께 나눌 수 있어야 만족한다. 따라서 취향은 다른 사람들과 보편적으로 나눌 수 있는 감정만을 가치 있다고 느끼는 정점에 도달한 문명에 속하는 것이다.

관심Interesse

원래는 이익, 쓸모, 장점 등의 의미. 감각성은 자기 보존에 대한 관심[목적]을 갖는다. 하지만 이성도 역시 관심[목적]을 갖는다. 즉 대상 세계의 완벽한 인식을 지향하고, 사유의 경제, 통일, 일관성에 대한 관심이다. 이성의 '실천적 관심'은 이성을 인류의 최고 목적으로, 즉 자유와 죽지 않음과 신적 질서로 이끌어가는 것이다.

다만, 미적 판단에는 이런 관심이 없다[목적이 없다, Interesselosigkeit]. 미적 판단은 대상의 존재를 바라봄에서 무관심하고 목적이 없다. 감각성의 관점과 이성의 관점을 모두 거부함으로써 미적 판단에는 고유한 자유가 나타난다. 하지만 아름다움은 경험적으로 보면 사회에만 관심을 갖는다.

3. 아름다움, 숭고

《미학 편지》에 나오는 용어로는 "진정시키는 아름다움"과 "활력을 주는 아름다움".

아름다움das Schöne

영국의 철학자 버크E. Burke, 1729~1797는 아름다움과 숭고를 분리했고, 이것은 칸트와 실러에게까지 그대로 이어졌다. 버크는 자연과학처럼 정교한 취향의 논리를 모색했다.

아무런 목적이나 관심 없이 바라보는데, 그 자체로 쾌감을 느끼게 하는 것이 아름다움이다. 《미학 편지》에서 아름다움은 감각성의 목적 없이 대상을 바라봄에서 출발한다. 예술작품과 연관시키면 특히 현실적 관심을 버리고 그림을 바라보는 것을 생각할 수가 있다. 그렇게 그림을 바라볼 때 그림 자체가 주는 쾌감이다.

숭고das Erhabene

버크에 따르면 대상에 감추어진 위험과 무한성을 지각함으로써 숭고의 감정이 일깨워진다. 이런 위험을 멀리서 바라보면서 자신이 안전함을 느끼는 기쁨delight이 숭고함이 만들어내는 감정이다.

칸트에 따르면 숭고의 척도는 크기와 거대함이다. 예를 들어 불빛이 없는 사막 같은 곳에서 수없이 많은 별들이 빛나는 밤하늘을 바라보며 인간의 지각 척도를 넘어서는 거대함과 무한함, 동시에 두려움을 느끼는 순간에 인간은 숭고를 체험한다. 또는 무한대를 나타내는 수학적 표상에도 숭고가 들어 있다. 숭고에는 인간의 척도를 넘어서는 보편성과 무한성이 나타난다.

인간은 아름다움에서 보편적인 쾌감을, 숭고함에서는 보편적인 존경심을 느낀다. 칸트는 두려움과 우수를 통해 효과를 내는 숭고의 감정이 충분한 연습을 통해 실천적 관점에서 인간을 도덕성에 민감해지게 만들 수 있다고 본다. 칸트의 《판단력 비판》에서 숭고의 감정은 주로 자연의 대상에 의해 일깨워진다. 하지만 이것은 취향 판단이 아니라 정신의 감정에서 나오는 것으로서, 숭고는 초감각적인 것과 이념적인 것을 위한 토대가 된다.

실러는 숭고의 개념을 자연의 대상에서 예술작품으로 옮겼다. 실러는 숭고를 감각성에 저항하고 이성에 알맞은 감정이라고 이해했다. 실러의 숭고에는 두 가지 형식이 있는데, 명상적 숭고와 비장-숭고Pathetisch-Erhabene이다. 비장-숭고가 실러의 숭고 이론의 핵심을 이룬다(비장미 또는 숭고미). 이것은 그가 실제 자신의 희곡작품에서 실현해 보여주는 개념이기도 하다. 두 단계를 거치는데, 먼저 고통받는 자연의 묘사와 이어서 고통 속에서 인간의 도덕적 독립을 묘사한다.

쉽게 설명하자면 드높은 이념을 추구하는 주인공은 현실에서 수많은 난관에 부딪친다. 마침내 주인공은 자신의 이념을 위해 자기 보존의 욕구를 극복하고 자신을 제물로 바친다. 실러 작품에 등장하는 많은 주인공들은 바로 이런 비장-숭고를 구현한다. 고귀한 이상을 위해 자신을 희생하는 주인공의 모습을 통해 관객은 예술작품에서 숭고가 구현되는 것을 눈으로 직접 확인할 수 있다. 즉 한 순간 이념이 현실을 이기고 승리하는 것을 보게 되지만, 다음 순간 주인공은 목숨을 잃는다. 숭고를 정신의 감정으로 보는 이유를 알 수 있다. 실러는 이런 비장-숭고를 비극작품의 목적으로 보았다.

4. 현상과 물건 자체

기묘한 경험론자인 임마누엘 칸트Immanuel Kant, 1724~1804는 그리스 시대부터 서양의 형이상학을 주름잡아 오던 본질-현상 이분법의 내용을 근본에서부터 뒤집었다 플라톤에 따르면 우리 눈에 보이는 **현상**Erscheinung의 배후에는 각각의 본질인 이데아가 있다. 눈에 보이는 현상이 아니라 보이지 않는 본질인 이데아를 추구하는 것이야말로 생각하기를 좋아하는 사람이 본래 할 일이다.

하지만 칸트는 인간 오성의 인식 체계를 전혀 다르게 보았다. 이데아 또는 **물건**

자체(Ding an sich, 물자체)는 인간의 인식 영역 밖에 있다. 인간은 세상의 모든 물건을 그 물건의 고유한 특성에 따라 인식하지 않고, 우리가 태어날 때부터 가지고 나온〔선험적인〕 우리의 오성 인식 도구를 가지고 바라본다. 칸트에 따르면 인간이 가지고 태어난 오성의 인식 도구는 시간과 공간이다. 우리는 세상의 온갖 물건과 우주 자체까지도 이 도구의 틀에 맞추어서만 인식한다. 유감스럽게도 물건 자체나 이데아는 우리가 지닌 인식 도구의 능력 밖에 있는 것이므로, 우리는 그것을 인식하지 못한다. 다시 말하면 인간은 자신에게 보이는 대로만 세계를 인식한다는 말이다.

칸트에 따르면 우리의 인식 영역 밖에 있는 것은 학문의 대상이 아니다. 그러므로 '신'이나 '영혼' 등의 개념은 학문의 대상이 될 수 없다. 다만, 이토록 높은 이념은 인간의 도덕성을 위한 요구Postulat로 기능한다. 칸트는 서양철학이 오랫동안 매달려오던 '신의 존재를 입증'하려는 노력을 불가능하고, 불필요한 일이라고 단언해버렸다. 얼마나 시원한가?! 인간의 인식 도구를 통해 정밀하게 측정한 '현상'이 우리 학문의 대상이라고 갈파한 것이다. 이것은 오늘날 자연과학 탐구에도 그대로 해당되는 말이며, 칸트는 자기 시대의 자연과학의 발전과 그 결과를 정확하게 이해하고 있던 철학자였다.

칸트에서 본질-현상이 이렇게 뒤집히면서 오성 인식, 즉 현상이 우리의 현실이요, 이성의 이념들이 오히려 가상Schein이 된다는 점이 재미있다. 서양의 형이상학을 지배하던 절대성의 이념들이 '가상'이고, 오히려 현상이 우리 인간에게 인식 가능한 유일한 양상으로서 경험이 가능한 영역인 것이다. 이런 맥락에서 보면 실러가 말하는 '미적 가상' 또한 이념의 영역에 속한다. 이 내용은 너무 당연한 것이지만 제대로 이해하자면 오랫동안 사유의 곡예를 통한 발상의 전환을 요구하는 부분이기도 하다.

부록

〈겨울 나그네Winterreise〉 원문

1. Gute Nacht	1. 안녕히
Fremd bin ich eingezogen,	낯선 사람으로 왔다가
fremd zieh' ich wieder aus.	낯선 사람으로 다시 떠난다.
Der Mai war mir gewogen	지난 5월은 다정했지
mit manchem Blumenstrauß.	꽃다발도 많았었네.
|: Das Mädchen sprach von Liebe,	아가씨는 사랑한다 말하고
die Mutter gar von Eh' - :|	어머니는 결혼 말까지 꺼냈지,
|: nun ist die Welt so trübe,	이제 세상은 어둡고
der Weg gehüllt in Schnee. :|	길은 눈으로 덮였는데.
Ich kann zu meiner Reisen	나는 시간을 두고 천천히
nicht wählen mit der Zeit,	떠날 시간을 선택할 수가 없네.
muß selbst den Weg mir weisen	이 캄캄한 어둠 속에서
in dieser Dunkelheit.	스스로 길을 찾아야 한다.
|: Es zieht ein Mondenschatten	달그림자 하나가
als mein Gefährte mit, :|	길동무로 나선다.
|: und auf den weißen Matten	저 하얀 들판에서
such' ich des Wildes Tritt. :|	들짐승의 발자국을 찾아봐야지.

Was soll ich länger weilen,
daß man mich trieb hinaus?
Laß irre Hunde heulen
vor ihres Herren Haus!
|: Die Liebe liebt das Wandern -
Gott hat sie so gemacht -
von einem zu dem andern -
fein Liebchen, gute Nacht! :|

여기서 더 어물거리다가
사람들한테 쫓겨날 테냐?
주인집 앞에서
미친개들아 짖어라!
사랑은 이리저리 떠돌길 좋아하지.
신이 사랑을 그렇게 만들었어.
이 사람한테서 저 사람에게로 넘어가네.
내 사랑아, 안녕히

Will dich im Traum nicht stören,
wär' schad' um deine Ruh,
sollst meinen Tritt nicht hören -
sacht, sacht die Türe zu!
|: Schreib' im Vorübergehen
ans Tor dir: gute Nacht,
damit du mögest sehen,
an dich hab' ich gedacht. :|

네 꿈을 방해하기 싫어
네 휴식을 해치기 싫어
내 발자국 소리 못 듣게
조용, 조용히 방문을 닫고!
지나가면서 대문에다가
인사를 적네: 안녕히,
내일 아침 일어나 내가
네 생각한 것을 알도록.

2. Die Wetterfahne

Der Wind spielt mit der Wetterfahne
auf meines schönen Liebchens Haus.
Da dacht' ich schon in meinem Wahne,
sie pfiff' den armen Flüchtling aus.

Er hätt es eher bemerken sollen,
des Hauses aufgestecktes Schild,

2. 풍향계

바람이 연인의 집 지붕에서
풍향계를 가지고 장난치네.
난 벌써 정신이 나갔나, 풍향계가
이 불쌍한 도망자를 비웃는 것만 같아

바보야, 이 집에 붙은 문패를 보고
미리 알았어야지,

so hätt' er nimmer suchen wollen	이 집에서 절개 지킬 여자를
im Haus ein treues Frauenbild.	찾아봤자 헛일이란 걸.
I: Der Wind spielt drinnen mit den Herzen,	바람은 지붕 위만이 아니라
wie auf dem Dach, nur nicht so laut.	이 마음도 헤집는다, 낮은 소리로.
Was fragen sie nach meinen Schmerzen?	저들이 내 아픔에 무슨 관심?
ihr Kind ist eine reiche Braut. :I	딸이 부잣집 신부가 되는 걸.

3. Gefror'ne Tränen / 3. 언 눈물

Gefror'ne Tropfen fallen	눈물방울 얼어붙어 뺨에서
von meinen Wangen ab:	아래로 굴러떨어지네,
ob es mir denn entgangen,	그게 내게서 나온 건가?
I: daß ich geweinet hab'? :I	그럼 내가 울었던 거야?
Ei Tränen, meine Tranen,	아이, 눈물아, 내 눈물아,
und seid ihr gar so lau,	너 어째 그리 미지근하냐,
daß ihr erstarrt zu Eise,	이 차가운 아침 이슬처럼
wie kühler Morgentau?	얼어붙었단 말이냐?
I: Und dringt doch aus der Quelle	저 가슴속 원천에서는
der Brust so glühend heiß,	이글이글 불타더니,
als wolltet ihr zerschmelzen	이 겨울의 얼음을 몽땅
des ganzen Winters Eis. :I	녹일 것만 같더니.

4. Erstarrung

|: Ich such' im Schnee vergebens
nach ihrer Tritte Spur,
wo sie an meinem Arme
durchstrich die grüne Flur. :|

|: Ich will den Boden küssen,
durchdringen Eis und Schnee
mit meinen heißen Tränen,
bis ich die Erde seh'. :|

|: Wo find' ich eine Blüte,
wo find' ich grünes Gras?
die Blumen sind erstorben,
der Rasen sieht so blaß. :|

|: Soll denn kein Angedenken
ich nehmen mit von hier?
Wenn meine Schmerzen schweigen,
wer sagt mir dann von ihr? :|

|: Mein Herz ist wie erstorben,
kalt starrt ihr Bild darin;
schmilzt je das Herz mir wieder,
fließt auch ihr Bild dahin. :|

4. 얼어붙음

눈 속에서 헛되이 그녀가
남긴 발자국을 찾는다,
저 초록 들판을 내 팔을 잡고
쏘다닐 때 남긴 그 발자국.

땅바닥에 키스하겠어,
얼음과 눈을
내 뜨거운 눈물로 녹이고
맨땅을 보고 싶어.

대체 어디서 꽃을 찾으며,
어디서 초록 풀을 찾는다지?
꽃은 다 얼어 죽고
잔디는 저토록 창백한 걸.

그렇담 여기서 기념품
하나도 못 가져가나?
내 고통이 침묵한다면
누가 내게 그녀 이야길 해줄까?

내 가슴은 얼어 죽은 것 같아
그녀 모습도 거기 차갑게 얼어붙었다.
내 가슴이 다시 녹으면
그녀의 모습도 흘러나가겠지.

5. Der Lindenbaum

Am Brunnen vor dem Tore
da steht ein Lindenbaum;
ich träumt' in seinem Schatten
so manchen süßen Traum.

Ich schnitt in seine Rinde
so manches liebe Wort;
es zog in Freud und Leide
zu ihm mich immer fort.

Ich mußt' auch heute wandern
vorbei in tiefer Nacht,
da hab' ich noch im Dunkel
die Augen zugemacht.

Und seine Zweige rauschten,
als riefen sie mir zu:
komm her zu mir, Geselle,
hier find'st du deine Ruh!

Die kalten Winde bliesen
mir grad' ins Angesicht,
der Hut flog mir vom Kopfe,
ich wendete mich nicht.

|: Nun bin ich manche Stunde

5. 보리수

성문 앞 우물곁에
서 있는 보리수
나는 그 그늘 아래
단꿈을 꾸었네.

그 껍질에 많은
사랑의 말을 새겼지.
기쁠 때나 슬플 때나
나 그리로 이끌렸네.

오늘도 깊은 밤에
그 곁을 지나야 했네.
어둠 속에서도
두 눈을 감았네.

나뭇가지 흔들려
속삭이는 것만 같았네.
친구여, 내게로 오라,
그대 여기서 휴식을 찾으리.

차가운 바람이 곧장
얼굴로 불어왔네.
모자가 벗겨져 날아갔지만,
난 얼굴을 돌리지 않았네.

그 자리를 떠나온 지

entfernt von jenem Ort,
und immer hör' ich's rauschen:
du fändest Ruhe dort! :|

벌써 몇 시간, 아직도
여전히 그 속삭임 들린다,
그대 거기서 휴식을 찾으련만.

6. Wasserflut

Manche Trän' aus meinen Augen
ist gefallen in den Schnee;
seine kalten Flocken saugen
|: durstig ein das heiße Weh'. :|

Wenn die Gräser sprossen wollen,
weht daher ein lauer Wind,
und das Eis zerspringt in Schollen,
|: und der weiche Schnee zerrinnt. :|

Schnee, du weißt von meinem Sehnen,
sag, wohin doch geht dein Lauf?
Folge nach nur meinen Tränen,
|: nimmt dich bald das Bächlein auf. :|

Wirst mit ihm die Stadt durchziehen,
munt're Straßen ein und aus:
fühlst du meine Tränen glühen,
|: da ist meiner Liebsten Haus. :|

6. 홍수

내 눈에서 많은 눈물 흘러나와
눈 속에 떨어졌네.
차가운 눈송이 허겁지겁
그 뜨거운 통증을 빨아들이네.

풀이 싹을 틔우려 할 때면
온화한 바람 불어와
경작지에선 얼음이 깨지고
부드러운 눈도 녹아 없어질 테지

하얀 눈아, 넌 내 그리움을 알지,
어디로 갈 건지 말해봐라.
그냥 내 눈물만 따라가렴,
그럼 곧 개울에 도달할 거야.

개울물에 섞여 도시를 지나가겠지,
명랑한 거리들을 지나갈 거야,
내 눈물이 반짝 하는 것을 느끼면
거기가 바로 내 연인의 집이야.

7. Auf dem Flusse

Der du so lustig rauschtest,
du heller, wilder Fluß,
wie still bist du geworden,
gibst keinen Scheidegruß.

Mit harter, starrer Rinde
hast du dich überdeckt,
liegst kalt und unbeweglich
im Sande ausgestreckt.

In deine Decke grab' ich
mit einem spitzen Stein
den Namen meiner Liebsten
und Stund' und Tag hinein:

den Tag des ersten Grußes,
den Tag, an dem ich ging;
um Nam' und Zahlen windet
sich ein zerbroch'ner Ring.

|: Mein Herz, in diesem Bache
erkennst du nun dein Bild?
Ob's unter seiner Rinde
wohl auch so reißend schwillt? :|

7. 강 위에서

유쾌하게도 조잘대더니,
너, 밝고 사나운 강물아,
지금은 얼마나 조용한지,
작별 인사도 안 하네.

단단하게 얼어붙은
덮개에 뒤덮여
차갑게 움직이지 않으며
모래 속에 누워 있구나.

네 덮개 위에 나는
뾰족한 돌로 연인의
이름과 시간과 날짜를
새겨 넣는다.

처음 인사하던 날,
내가 떠나던 날을.
이름과 숫자 둘레로
깨진 원을 그린다.

내 마음아, 이 강에서
네 모습 보이니?
저 강의 덮개 아래서
찢어지며 부글거리는 게?

8. Rückblick

Es brennt mir unter beiden Sohlen,
tret' ich auch schon auf Eis und Schnee,
ich möcht' nicht wieder Atem holen,
bis ich nicht mehr die Türme sehe,

hab' mich an jedem Stein gestoßen,
so eilt' ich zu der Stadt hinaus;
|: die Krähen warfen Bäll und Schloßen
auf meinen Hut von jedem Haus. :|

Wie anders hast du mich empfangen,
du Stadt der Unbeständigkeit!
an deinen blanken Fenstern sangen
die Lerch und Nachtigall im Streit.

Die runden Lindenbäume blühten,
die klaren Rinnen rauschten hell,
|: und ach, zwei Mädchenaugen glühten! -
da war's geschehn um dich, Gesell! :|

|: Kömmt mir der Tag in die Gedanken,
möcht' ich noch einmal rückwärts sehn,
möcht' ich zurücke wieder wanken,
vor ihrem Hause stille stehn. :|

8. 뒤를 돌아보며

얼음과 눈 위를 걸어도
발바닥이 따끔거린다.
저 〔도시의〕 첨탑들이 보이는 한
한숨 돌리고 싶지도 않아.

돌부리마다 부딪치면서
서둘러 도시에서 나왔다.
집집마다 지붕에서 까마귀들이
내 모자 위로 눈덩이를 떨어뜨렸다.

변덕스런 도시야, 너 나를
맞아들일 땐 얼마나 달랐던가!
잘 닦아 반짝이는 창가에선
종다리와 꾀꼬리가 경쟁하듯 노래했지.

둥근 보리수들은 꽃을 피우고,
맑은 개울물은 밝게 속삭였네,
그리고 아, 아가씨의 반짝이는 두 눈,
그 순간 넌 끝장난 거야, 친구야!

그날의 기억이 떠오르니,
다시 돌아보고 싶구나,
뒤돌아 비틀거리며 걸어서
그 집 문 앞에 서고 싶구나.

9. Irrlicht

In die tiefsten Felsengründe
lockte mich ein Irrlicht hin:
Wie ich einen Ausgang finde,
|: liegt nicht schwer mir in dem Sinn. :|

Bin gewohnt das Irre Gehen,
's führt ja jeder Weg zum Ziel:
unsre Freuden, unsre Leiden,
|: alles eines Irrlichts Spiel! :|

Durch des Bergstroms trockne Rinnen
wind' ich ruhig mich hinab -
|: jeder Strom wird's Meer gewinnen,
jedes Leiden auch ein Grab. :|

9. 도깨비불

깊은 암벽들 속으로
도깨비불 하나가 나를 유혹했어.
출구를 찾아내기란
어렵지도 않건만.

이리저리 방황하는 것에 익숙하네,
모든 길은 목적지로 안내한다네,
우리 기쁨도 우리 아픔도
그 모든 건 도깨비불의 장난.

물이 마른 계곡 물길을 따라
나는 조용히 아래로 내려간다.
모든 강물은 바다로 흐르고,
모든 아픔은 무덤에서 끝날 것이니.

10. Rast

Nun merk' ich erst, wie müd' ich bin,
da ich zur Ruh' mich lege;
das Wandern hielt mich munter hin
auf unwirtbarem Wege.

Die Füße frugen nicht nach Rast,
es war zu kalt zum Stehen,
|: der Rücken fühlte keine Last,
der Sturm half fort mich wehen. :|

10. 휴식

쉬려고 몸을 눕히니 내 얼마나
지쳤는지 이제야 알겠네.
방랑이 나를 이끌어 사람
다니지 않는 길로 데려왔구나.

두 발은 휴식을 구하지 않았어,
서 있기엔 너무 추우니.
등은 아무런 통증도 못 느껴,
폭풍마저 나를 앞으로 몰아왔네.

In eines Köhlers engem Haus
hab' Obdach ich gefunden;
doch meine Glieder ruh'n nicht aus:
so brennen ihre Wunden.

숯쟁이의 좁은 움막에서
쉴 곳을 구했네.
하지만 팔다리는 쉬지 못한다.
그 상처가 너무 쑤시니.

Auch du, mein Herz, in Kampf und Sturm
so wild und so verwegen,
|: fühlst in der Still' erst deinen Wurm
mit heißem Stich sich regen! :|

그리고 내 마음아, 넌 폭풍우
속에선 사납고도 담대하게 싸우더니
조용해진 이제야 비로소 네 속을
들쑤시는 따가운 통증 느끼네.

11. Frühlingstraum

Ich träumte von bunten Blumen,
so wie sie wohl blühen im Mai,
ich träumte von grünen Wiesen,
|: von lustigem Vogelgeschrei. :|

Und als die Hähne krähten,
da ward mein Auge wach;
|: da war es kalt und finster,
es schrien die Raben vom Dach. :|

|: Doch an den Fensterscheiben,
wer malte die Blätter da? :|
Ihr lacht wohl über den Träumer,
|: der Blumen im Winter sah? :|

11. 봄의 꿈

울긋불긋 봄을 꿈꾸었네,
5월 꽃 피어난 시절을
초록 들판을,
즐거운 새들의 외침을.

수탉이 울어
눈을 떴네.
사방은 춥고 어둡고
지붕에선 갈까마귀 우짖는다.

하지만 저기 창유리에
누가 잎을 그려놓았나?
너희들은 겨울에 꽃을 보는
꿈쟁이를 비웃는 거지?

Ich träumte von Lieb und Liebe,
von einer schönen Maid,
von Herzen und von Küssen,
|: von Wonne und Seligkeit. :|

Und als die Hähne krähten,
da ward mein Herze wach;
|: nun sitz' ich hier alleine
und denke dem Traume nach. :

|: Die Augen schließ' ich wieder,
noch schlägt das Herz so warm. :|
Wann grünt ihr Blätter am Fenster?
|: wann halt' ich mein Liebchen im Arm? :|

아름다운 소녀의
사랑을 꿈꾸었네,
두 마음과 키스를,
기쁨과 행복을.

수탉이 울어
내 마음 깨어보니
나 홀로 여기 앉아
그 꿈을 생각하네.

두 눈을 다시 꼭 감네,
가슴은 아직 따스하게 뛴다.
창문의 잎은 언제나 푸르러지나?
나 언제나 내 사랑을 품으려나?

12. Einsamkeit

Wie eine trübe Wolke
durch heitre Lüfte geht,
wenn in der Tanne Wipfel
ein mattes Lüftchen weht:

so zieh' ich meine Straße
dahin mit trägem Fuß,
durch helles, frohes Leben,
einsam und ohne Gruß.

12. 고독

소나무 우듬지에
산들바람 불 때
검은 구름이
맑은 대기를 뚫고 지나가듯

그렇게 내 길을 간다,
무거운 발걸음으로,
밝고 즐거운 삶을 통과해
고독하게 인사도 없이.

|: Ach, daß die Luft so ruhig!
ach, daß die Welt so licht!
Als noch die Stürme tobten,
war ich so elend nicht. :|

아, 대기가 이토록 조용하다니,
아, 세상이 이토록 밝다니!
폭풍우가 날뛸 때는
이토록 비참하진 않았건만.

13. Die Post

Von der Straße her ein Posthorn klingt.
|: Was hat es, daß es so hoch aufspringt,
mein Herz? :|

|: Die Post bringt keinen Brief für dich.
Was drängst du denn so wunderlich,
mein Herz? :|

Nun ja, die Post kommt aus der Stadt,
|: wo ich ein liebes Liebchen hatt',
mein Herz! :|

|: Willst wohl einmal hinübersehn
und fragen, wie es dort mag gehn,
mein Herz? :|

13. 우편마차

거리 끝에서 우편마차 나팔 소리,
내 마음아, 어쩌자고 그토록
높이 뛰니?

우편마차가 네게 가져올 편진 없어,
내 마음아, 어쩌자고 그렇게
울렁거려?

그래, 우편마차는
연인이 사는 도시에서 온 거야,
내 마음아!

그쪽을 바라보며
그곳 형편은 어떠냐고 묻고 싶니,
내 마음아?

14. Der greise Kopf

Der Reif hat einen weißen Schein
mir übers Haar gestreuet;

14. 흰 머리

서리가 내려 내 머리가
허옇게 세었네.

Da glaubt' ich schon ein Greis zu sein
und hab' mich sehr gefreuet.

Doch bald ist er hinweggetaut,
hab' wieder schwarze Haare,
daß mir's vor meiner Jugend graut -
|: wie weit noch bis zur Bahre! :|

Vom Abendrot zum Morgenlicht
ward mancher Kopf zum Greise.
Wer glaubt's? und meiner ward es nicht
|: auf dieser ganzen Reise! :|

벌써 노인이 되었구나, 생각하고
몹시 기뻤네.

하지만 곧 서리는 녹아 사라지고
다시 검은 머리가 나타나니,
내 젊음이 두렵구나,
관棺까지는 대체 얼마나 먼가!

저녁노을부터 아침노을 사이에
많은 머리가 백발이 되었다.
누가 믿으랴? 이 고된 여행에서
내 머리는 그렇게 세지 않았으니.

15. Die Krähe

Eine Krähe war mit mir
aus der Stadt gezogen,
ist bis heute für und für
um mein Haupt geflogen.

Krähe, wunderliches Tier,
willst mich nicht verlassen?
Meinst wohl bald als Beute hier
meinen Leib zu fassen?

Nun, es wird nicht weit mehr gehn
an dem Wanderstabe.

15. 까마귀

까마귀 한 마리가
도시에서 나를 따라왔다.
오늘도 내 머리
위에서 날고 있네.

까마귀야, 이상한 짐승아,
나를 떠나지 않을 테냐?
머지않아 이 내 몸을
먹이로 삼을 셈이냐?

그래, 이 나그네 지팡이 짚고
걸을 날도 그리 많진 않구나.

|: Krähe, laß mich endlich sehn
Treue bis zum Grabe! :|

까마귀야, 그렇담 무덤까지 이어지는
절개를 네가 보여주렴.

16. Letzte Hoffnung

Hier und da ist an den Bäumen
manches bunte Blatt zu sehn,
und ich bleibe vor den Bäumen
oftmals in Gedanken stehn.

Schaue nach dem einen Blatte,
hänge meine Hoffnung dran;
spielt der Wind mit meinem Blatte,
zittr' ich, was ich zittern kann.

Ach, und fällt das Blatt zu Boden,
fällt mit ihm die Hoffnung ab,
fall' ich selber mit zu Boden,
|: wein' auf meiner Hoffnung Grab. :|

16. 마지막 희망

여기저기 나무에는
가랑잎이 매달려 있어
나는 생각에 잠겨 여러 번이나
나무 앞에 멈추어 서네.

나뭇잎 하나를 바라보며
내 희망을 거기 매달고,
바람이 내 잎사귀를 가지고 놀면
나는 두려움에 떠네.

그 잎사귀가 땅으로 떨어지면
그와 함께 내 희망도 떨어져,
나 자신도 함께 바닥에 쓰러져
내 희망의 무덤에서 나는 통곡하네.

17. Im Dorfe

Es bellen die Hunde, es rasseln die Ketten;
es schlafen die Menschen in ihren Betten,
träumen sich manches, was sie nicht haben,
tun sich im Guten und Argen erlaben:
und morgen früh ist alles zerflossen. -

17. 마을에서

개들은 짖고, 쇠사슬은 쩔렁이고
사람들은 침대에서 잠을 자며
제가 갖지 못한 많은 것을 꿈꾸고,
좋은 일과 나쁜 일에 활력을 얻네.
내일 아침이면 모두 사라질 걸,

Je nun, sie haben ihr Teil genossen,
|: und hoffen, :| was sie noch übrig ließen,
|: doch wieder zu finden :| auf ihren Kissen.
Bellt mich nur fort, ihr wachen Hunde,
laßt mich nicht ruh'n in der Schlummerstunde!
|: Ich bin zu Ende mit allen Träumen -
was will ich unter den Schläfern säumen? :|

어쨌든 그들은 제 몫을 즐기고
자신들이 남겨놓은 것을
다시 찾기를 바란다, 베개에서.
깨어 있는 개들아, 나를 보고 계속 짖어라,
잠잘 시간에 내가 쉬지 못하게,
난 이미 모든 꿈이 끝장난 사람인데,
잠자는 이들 사이에서 무얼 꾸물댈까?

18. Der stürmische Morgen

Wie hat der Sturm zerrissen
des Himmels graues Kleid!
die Wolkenfetzen flattern
|: umher im matten Streit. :|

Und rote Feuerflammen
ziehn zwischen ihnen hin:
das nenn' ich einen Morgen
so recht nach meinem Sinn!

Mein Herz sieht an dem Himmel
gemalt sein eignes Bild -
|: es ist nichts als der Winter, :|
der Winter kalt und wild.

18. 폭풍우 치는 아침

폭풍이 하늘의 잿빛 옷을
찢었네!
구름 조각들 서로 싸우듯
이리저리 흩어지고

붉은 불꽃들
그 사이로 지나간다.
그건 내 마음에
꼭 드는 아침!

내 마음은 하늘에
제 모습 그려진 걸 보네,
그건 다름 아닌 겨울,
차갑고 사나운 겨울.

19. Täuschung

Ein Licht tanzt freundlich vor mir her,
ich folg' ihm nach die Kreuz und Quer;
ich folg' ihm gern und seh's ihm an,
daß es verlockt den Wandersmann.
Ach! wer wie ich so elend ist,
gibt gern sich hin der bunten List,
die hinter Eis und Nacht und Graus
ihm weist ein helles, warmes Haus
und eine liebe Seele drin -
nur Täuschung ist für mich Gewinn!

19. 착각

빛 하나가 내 앞에서 다정하게 춤춘다.
난 이리저리 따라간다.
따라가며 보니
그건 떠돌이를 꾀어내는 빛.
아, 나처럼 비참한 사람은
기꺼이 온갖 속임수에 몸을 맡기네.
그것은 얼음과 밤과 두려움 뒤로
밝고 따스한 집을 보여주니,
그 안에는 다정한 사람도 있어 -
오직 착각만이 나의 몫!

20. Der Wegweiser

Was vermeid' ich denn die Wege,
wo die andren Wandrer gehn,
|: suche mir versteckte Stege
durch verschneite Felsenhöhn? :|

Habe ja doch nichts begangen,
|: daß ich Menschen sollte scheun - :|
welch ein törichtes Verlangen
|: treibt mich in die Wüstenein? :|

Weiser stehen auf den Wegen,
weisen auf die Städte zu,
|: und ich wandre sonder Maßen

20. 이정표

다른 나그네도 간 길들을
내가 피할 이유가 뭐야.
눈 덮인 암벽 높은 곳으로 이끄는
감추어진 계단을 찾네.

사람을 꺼릴 아무 짓도
저지른 적 없건만,
그 어떤 어리석은 갈망이
나를 불모지로 내모나?

길에는 이정표들이 서서
도시들을 가리키는데,
나는 특별한 길을

ohne Ruh, und suche Ruh. :|

|: Einen Weiser seh ich stehen
unverrückt vor meinem Blick;
eine Straße muß ich gehen,
die noch keiner ging zurück. :|

21. Das Wirtshaus

Auf einen Totenacker
hat mich mein Weg gebracht.
Allhier will ich einkehren,
hab ich bei mir gedacht.

Ihr grünen Totenkränze
könnt wohl die Zeichen sein,
die müde Wandrer laden
ins kühle Wirtshaus ein.

Sind denn in diesem Hause
die Kammern all besetzt?
bin matt zum Niedersinken
bin tödlich schwer verletzt.

O unbarmherzge Schenke,
doch weisest du mich ab?
|: Nun weiter denn, nur weiter,

휴식 없이 걸으며 휴식을 찾네.

내 눈앞에 똑바로 보이는
이정표 하나.
아무도 돌아오지 못한
길로 나는 가야만 해.

21. 주막집

죽은 자들의 땅으로
내 길이 나를 안내해왔네.
바로 내가 머물겠다고
생각하던 곳.

너희들, 죽은 자들의 초록색 화환아,
너희는 지친 나그네를
차가운 주막집으로 초대하는
간판이 되어주겠지.

이 집에 있는
방이 모두 찼다고?
난 지쳐서 뻗을 지경에
치명적인 상처까지 입었는데.

오 냉혹한 주막집아,
나를 거절한다고?
그렇다면 어서 가자, 어서,

mein treuer Wanderstab! :|

내 충실한 지팡이야!

22. Mut!

Fliegt der Schnee mir ins Gesicht,
schüttl' ich ihn herunter.
Wenn mein Herz im Busen spricht,
sing ich hell und munter,

höre nicht, was es mir sagt,
habe keine Ohren;
fühle nicht, was es mir klagt,
klagen ist für Toren.

|: Lustig in die Welt hinein
gegen Wind und Wetter!
will kein Gott auf Erden sein,
sind wir selber Götter. :|

22. 용기를 내!

눈이 내 얼굴로 날아들면
나는 눈을 털어내고.
가슴에서 심장이 말하면
나는 밝고 명랑하게 노래해.

마음이 내게 말하는 걸 듣지 마라,
난 귀가 없어.
마음이 탄식하는 걸 느끼지도 못해,
탄식은 바보들의 짓.

바람과 악천후를 뚫고
씩씩하게 세상으로 나가자!
그 어떤 신神도 세상이 싫다니
우리 자신이 신인 것이지.

23. Die Nebensonnen

Drei Sonnen sah ich am Himmel stehn,
hab' lang' und fest sie angesehn;
und sie auch standen da so stier,
als wollten sie nicht weg von mir.
Ach, meine Sonnen seid ihr nicht!
Schaut andern doch ins Angesicht!

23. 다른 태양들

하늘에 태양이 세 개나 떠 있었지.
나 오랫동안 그들을 바라보았어.
그들도 거기 단호히 서 있었어
내 곁을 떠나지 않으려는 듯.
아, 너희들은 내 태양이 아니야!
다른 사람 얼굴이나 바라보아라.

Ja, neulich hatt' ich auch wohl drei:
nun sind hinab die besten zwei.
Ging nur die dritt erst hinterdrein!
Im Dunkeln wird mir wohler sein.

그래, 전엔 내게도 세 개가 있었지.
가장 좋은 두 개는 이미 져버렸고
세 번째만 남았다가 이제 방금 따라갔어.
어둠 속이 난 더 좋더라.

24. Der Leiermann

Drüben hinterm Dorfe
steht ein Leiermann,
und mit starren Fingern
dreht er, was er kann.

Barfuß auf dem Eise
wankt er hin und her,
|: und sein kleiner Teller
bleibt ihm immer leer. :|

Keiner mag ihn hören,
keiner sieht ihn an,
und die Hunde knurren
um den alten Mann.

Und er läßt es gehen
alles, wie es will,
|: dreht, und seine Leier
steht ihm nimmer still. :|

24. 악사

저기 마을 뒤편에
손풍금 돌리는 악사 한 사람
굳은 손가락으로
손풍금을 돌린다.

얼음 위를 맨발로
그는 이리저리 걷는다.
그의 작은 접시는
언제나 비어 있지.

아무도 그의 소리를 듣지 못하나 봐
아무도 그를 보지 않아
개들만 늙은이 주변에서
으르렁거린다.

그는 모든 걸
될 대로 되라고 내버려두지.
돌려라, 그의 손풍금은
멈추는 법이 없네.

Wunderlicher Alter,	이상한 늙은이,
soll ich mit dir gehn?	내가 당신과 함께 갈까요?
Willst zu meinen Liedern	그대는 내 노래에 맞추어
deine Leier drehn?	손풍금을 돌리겠소?

미학 편지

1판 1쇄 발행일 2012년 5월 14일
1판 5쇄 발행일 2021년 10월 25일

지은이 프리드리히 실러
옮긴이 안인희

발행인 김학원
발행처 (주)휴머니스트출판그룹
출판등록 제313-2007-000007호(2007년 1월 5일)
주소 (03991) 서울시 마포구 동교로23길 76(연남동)
전화 02-335-4422 **팩스** 02-334-3427
저자·독자 서비스 humanist@humanistbooks.com
홈페이지 www.humanistbooks.com
유튜브 youtube.com/user/humanistma **포스트** post.naver.com/hmcv
페이스북 facebook.com/hmcv2001 **인스타그램** @humanist_insta

편집주간 황서현 **편집** 나희영 박민애 **디자인** 김태형 유주현
용지 화인페이퍼 **인쇄** 청아디앤피 **제본** 민성사

ISBN 978-89-5862-489-9 03160